つくって楽しむ

わら工芸

生活用具・飾り物・縁起物

瀧本広子 編
大浦佳代 取材・執筆

農文協

はじめに

ワラは、イネをはじめとする植物の茎や葉を乾燥させたもの。なかでもイネからとれる稲ワラは、古くから暮らしに欠かせない素材でした。ワラは水を含ませれば自在に加工ができ、保温性や通気性、吸湿性に富む優れた素材です。この特性を活かして、「わらじ」「ぞうり」などの履き物、「円座」「むしろ」「ござ」などの敷き物、「米俵」「つと」「おひつ入れ」などの入れ物、「みの」「みの帽子」「背当て」などの装具、「しめ縄」「宝船」「流しびな」などの縁起物・飾り物、「馬飾り」などの玩具、仕事に使う「縄」などさまざまなものがつくられたほか、牛馬の飼料や敷きワラ、建材などに至るまで、余すところなく利用されました。正月に「しめ縄」を飾るのも、ワラが日本人の生活において特別な存在だったことの証なのでしょう。

現代では、ワラの製品は日常生活から離れ、ワラ加工の技術を受け継ぐ人も少なくなってしまいました。それでも、稲作体験活動で取り組まれたり、ワラの工芸品が人気を集めたり、アートの素材になったり、少しずつ見直される動きも生まれています。

この本では、ワラを使った生活用具、飾り物、縁起物の中から、ワラの温かみや美しさを伝え、現代の暮らしの中にも取り入れられる作品を16種選び、そのつくり方を紹介しています。イネ1株分のワラで手軽にできるものから、工程が複雑なもの、完成まで数日かかるものまで、自分の好みやレベルにあわせて取り組める作品を選びました。

ワラの作品づくりを通して、ワラという素材のすばらしさ、手仕事の奥深さにふれてみませんか？

もくじ

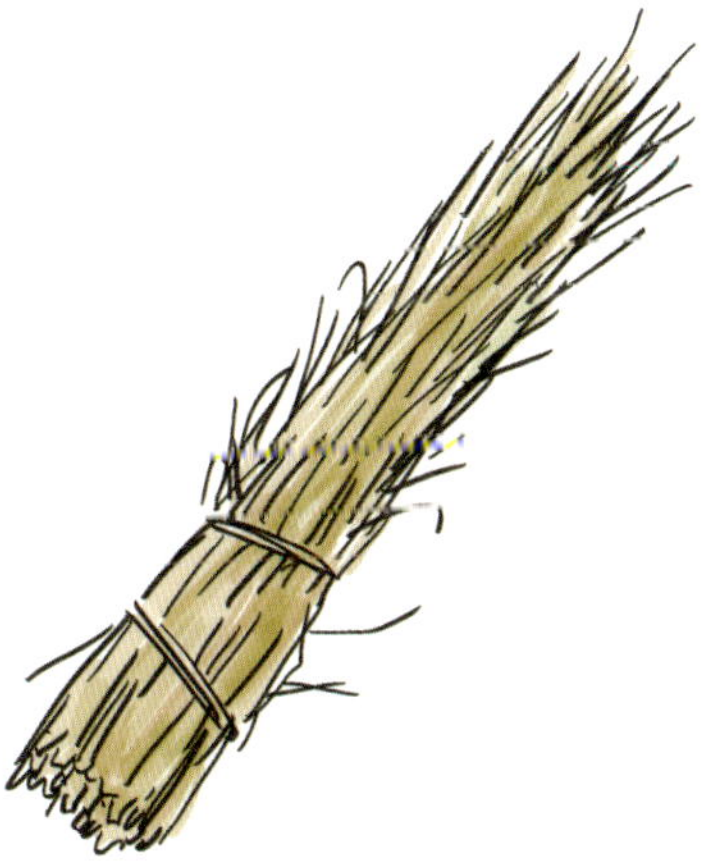

この本の使い方

マークの意味

1時間 制作時間の目安

 縄ないが必要

・制作時間は、手順をひと通り理解した人の標準的な制作時間を想定しています。また下処理にかかる時間はふくんでいません。
・ワラの使用量は、イネの生育状態や品種、つくりたい作品の大きさなどによって変わります。
・材料はこの本で紹介しているものに限らず、手に入りやすい別のもので代用するなど自由にアレンジしてください。

パート 1

ワラ工芸の基礎知識と縄ない

ミゴ抜き

生活で使う道具類からお正月の飾りなどの縁起物、履き物、さらには雨具や防寒具まで、昔は身のまわりのさまざまなものがワラでつくられていました。作品づくりに入る前に、まずはワラのつくりや部位ごとの特性を知り、下処理のポイントをマスターして、縄ないに挑戦しましょう。

縄ない

ワラ打ち

ワラは万能素材

加工は自由自在、保温・通気性も

ワラとは、イネなどの植物の葉や茎などのこと。生活や仕事で使う道具や縄、雨具や防寒具など、さまざまなものがつくられてきました。

ワラの特徴のひとつは、何よりも加工のしやすさにあります。下処理しておけば、曲げたりねじったりも自由自在。特別な機械や道具がなくても、編みや組みを駆使していろんな形にしあげることができます。

クッション性があるのも、ワラの特徴です。ワラにはところどころに節があって、その間は空洞になっていて、外から力が加わっても簡単にはつぶれたり折れたりしない性質があります。「卵つと」や「円座」などは、この特性を活かした作品です。

このほか、保温性や通気性、吸湿性《きゅうしつせい》に優れているのも特徴です。ワラは顕微鏡で見ると、たくさんの小さな穴があって、そこに空気がつまっています。「みの」や「くつ」、「おひつ入れ」など、保温性が求められる道具類や衣類に使われてきました。

※ワラ工芸にはもち米のワラが最適とされていますが、まずは手に入りやすいワラで取り組みましょう。

ワラに捨てるところなし

ワラは、大まかに「稈《かん》」「ハカマ」「ミゴ」などからなっています。稈とは茎の部分、ハカマとは葉の部分、ミゴとは稲穂からモミをとった部分のことです。稈には、ところどころに節があります。

ワラ加工では、ふつう、下処理をして必要な部位を選んで使います。多くの場合、ミゴ、ハカマを取り除いたワラを使います。また「鶴飾り」のように、見栄えをよくするために節のない稈を選んでつくるもの、あるいは「釜敷き」のようにハカマを集めて芯輪に再利用するものや、「みごぼうき」のようにミゴを集めてつくる作品もあります。ミゴやハカマがあまったら、別の作品に使うことを考えましょう。

このほか、ワラは土壁の材料になったり、紙をつくる材料になったりと、工芸品以外にも使われてきました。ワラは捨てるところのない素材なのです。

イネ以外の草も使える

ワラといえば、イネのワラが思い浮かびますが、ワラ加工に使えるのは、実はイネばかりではありません。道端や野原、河原などに生えているイネ科などの草も、イネのワラのように加工することができます。

特におすすめなのがチガヤ。細縄づくりなど、繊細な加工に適しています。沖縄などには、チガヤを使った工芸品も伝わるほど。この本では、「宝船」の細縄づくりの材料などとして登場します。

チガヤのほかには、ガマやマコモ、チカラシバ、イワスゲなども、加工に利用することができます。昔の人はイネばかりでなく、それぞれの土地で手に入る植物を利用していたのです。

ワラのつくり

種モミからはまず 1 本の茎がのびるが、生育の途中で何本も茎が分かれていく（分げつ）。肥料の状態などにもよるが、1 株当たり 20 ~ 30 本程度のワラがとれる。

ミゴ（シベ）

モミがついている部分。かたくて編みにくいので、多くの場合あらかじめ抜いておく（ミゴ抜き）。ただし、ミゴをつけたまま編む作品や、「みごぼうき」のように主にミゴを使う作品もある。

ハカマ（葉）

ひとつの節から、1 枚の葉が出る。茎にまきつくようにしっかりついている。落としたハカマは、布団や枕の詰め物に使われた。この本では、「釜敷き」の芯輪の材料に使う。

節

株元で刈ると、ふつう 1 本のワラに 2 ~ 3 の節がついている。イネの節は 1 本に 15 ほどあるが、ほとんどが地面近くに密集している。

稈《かん》（茎）

葉が巻きついているのでどこが茎かわかりにくいが、節がついているのが茎。断面はほぼ円形で、曲がりにくい構造になっている。

ワラ加工に使えるイネ以外の草

チガヤ

ガマ

チカラシバ

ワラを手に入れる

ワラ加工に取り組むには、まずは材料のワラを手に入れる必要があります。自分で田んぼをつくってそのワラを使うのが一番いいかもしれませんが、現代ではそれが難しいことが多いのも事実です。そこで、ワラを手に入れるための方法と注意点をいくつか紹介します。

譲ってもらう編

その1 農家に分けてもらう

親戚や知り合いに、農家はいませんか？　もしいれば、お願いして分けてもらうか、部分的に手刈りさせてもらいましょう。

※コンバインでのイネ刈りでは、ワラは切り刻まれて田んぼに撒かれてしまうことが多い。

その2 農場を持つ大学や高校、試験機関に相談する

近くに農業高校や農学部のある大学、農業試験場などはありませんか？　そういった学校や機関は実習農場や試験圃場を持っている場合がありますが、ふだんは実習や実験で出たワラは、廃棄したり、堆肥にしたりしていることが多いようです。そのワラを分けてもらえないか、相談してみてもよいかもしれません。

※学校によっては学生や教員以外は立ち入り禁止の場合があります。まずは事務などを通して相談しましょう。

その3 農協や直売所に相談する

田んぼのある地域の農協（JA）や直売所で、ワラを分けてくれる人がいないか聞いてみましょう。農協や直売所は、農家の人たちの情報基地。手刈りで稲作をやっている農家、天日でハザ掛けにこだわっている農家などの情報がもらえたり、紹介してもらえるかもしれません。

※ワラを譲ってもらったら、お礼も忘れずにしましょう。

買ってくる編

その4 ホームセンターなどで買う

ホームセンターでワラを売っている場合があります。ただし、作物の敷きワラ用や堆肥用に売られているものなど、加工には適さないワラもあるので注意が必要です。

その5 インターネット通販で買う

正月飾り用などとして、インターネットの通販などでワラが販売されていることがあります。その業者に問い合わせて購入するのもよいでしょう。

自分で育てて刈り取る編

その6 「バケツイネ」「ペットボトルイネ」を育てる

譲ってもらったり、買ってきたりするのもいいですが、やはり自分で育てたイネを刈り取ってそのワラでワラ加工に取り組めば、楽しさも倍増です。

取り組みやすいのが「バケツイネ」や「ペットボトルイネ」。自分が刈り取ったワラでそれぞれ自分の作品をつくるもよし、何人かでワラを持ち寄って大きな作品に挑戦してみるのも楽しいでしょう。

※バケツイネの栽培には、薄井勝利・監修『バケツで実践 超豪快イネつくり』（農文協刊）などがおすすめです。

その7 ミニ田んぼをつくる

もう少しまとまった量のワラがほしいときなどは、「ミニ田んぼ」をつくるとよいでしょう。おすすめなのが魚屋さんやスーパーなどにある発泡スチロールの箱（トロ箱）でつくったミニ田んぼです。収穫も一定量確保できることや、発泡スチロール製なので土が外気温の影響を受けにくく、よいイネを育てやすいのも利点です。

その8 援農活動に参加する

過疎化の進んだ地方などでは、都会からの援農を受け入れているところがあります。その活動に参加してワラを分けてもらう手もありますので、情報を集めてみましょう。

※援農活動に参加するときは、根気よく活動を続けることが大切です。

その9 棚田オーナーになる

山間地や谷津田のある地域などには「棚田トラスト」や「棚田保全活動」といった活動を行なっているところがあり、友達やグループでお金を出し合って棚田オーナーになると、稲作体験をさせてもらいながら、収穫物がもらえる制度もあります。（レジャー・農産物・ワラ・環境保全の一石四鳥?!）

こういった団体は人手不足なことも多いので、思いきってボランティアスタッフなどになって運営に関わるのもおすすめです。ワラだけではない沢山の収穫があるはず。

おまけ編

その10 地方にUターン、Iターン！

思い切って地方に移住するという手もあるかもしれません。民家プラス田んぼ・畑、農業指導付きという移住制度もあり、あり余るほどのワラが手に入ること間違いなしです。ライフスタイルや人生観も変わることでしょう。

ワラ加工用のイネ刈り・乾燥のポイント

イネを刈るとき

- できるだけ根元から刈り取る。切り株を地面から4～5cm残すくらいがいい。
- 刈り取ったイネについている枯れた葉や泥などは、乾燥させている間、加工に使う部分を保護してくれるので、あえて落とさないでおくとよい。
- 雨の日には刈らない。素早く乾燥させるためと、カビの発生を防ぐため。

乾燥させるとき

- 天日干しが一番よいが、雨が当たるとカビが生えやすいので注意が必要。雨が心配な場合は風通しのよい軒下や木陰に干すのが無難。
- 蒸れるとカビが生えてしまうので、イネの束と束の間隔はゆったりめにする。
- 乾燥は、晴天で1週間程度が目安。

ワラを下処理する

ワラ加工をするときは、脱穀後のワラをそのままの状態では使いません。細工に向いた部分をよりわけ、ワラの繊維をほぐしてやわらかくするという、下処理が必要です。

1 ワラすぐり

刈り取った部分より下の節から出ているハカマは、かんたんに落ちてしまうので、あらかじめとってしまいます。

ワラを束にして穂先のほうを握り、根元側を机や床に軽くたたきつけてハカマを落とす

反対の手の指をひらいてワラ束に入れ、くしでとかすように動かして残りのハカマを落とす（軍手をするとよい）。量が多いときには熊手を使う

2 水に浸《ひた》す

ワラが乾いていると、ワラ打ちや細工のときに割れてしまいます。水に浸してよく吸湿させます。

水に浸したら大きめのビニール袋に入れ、数時間からひと晩おく

3 ワラ打ち

稈《かん》をたたいてかたい繊維をほぐし、細工をしやすくします。

地面や石の上に湿った状態のワラの束を置き、左手でワラ束を回しながら全体をたたいていく。かたい節の部分は念入りに行なう。強くたたきつけるとつぶれて切れてしまうので、「ワラ打ち」の重さを利用して落とすようにしてたたく。

「ワラ打ち」（横づち）

「ワラ打ち」が手に入らなければ、木づちやバットでもよい

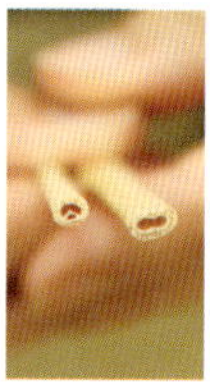

ワラをたたくと稈がしなやかに曲がるようになり、断面はまん丸から楕円形になる（右）

4 ミゴ抜き

ミゴはかたいので、稈から抜き取ります（ミゴを残す作品もあります）。

ハサミを使って、ミゴの上のほうだけ切り離してもOK

上から１つ目の節の１cmくらい上のところに親指と人差し指でぎゅっと爪《つめ》を立て、引き抜く

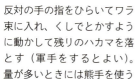

縄をなう

基本的な縄のない方

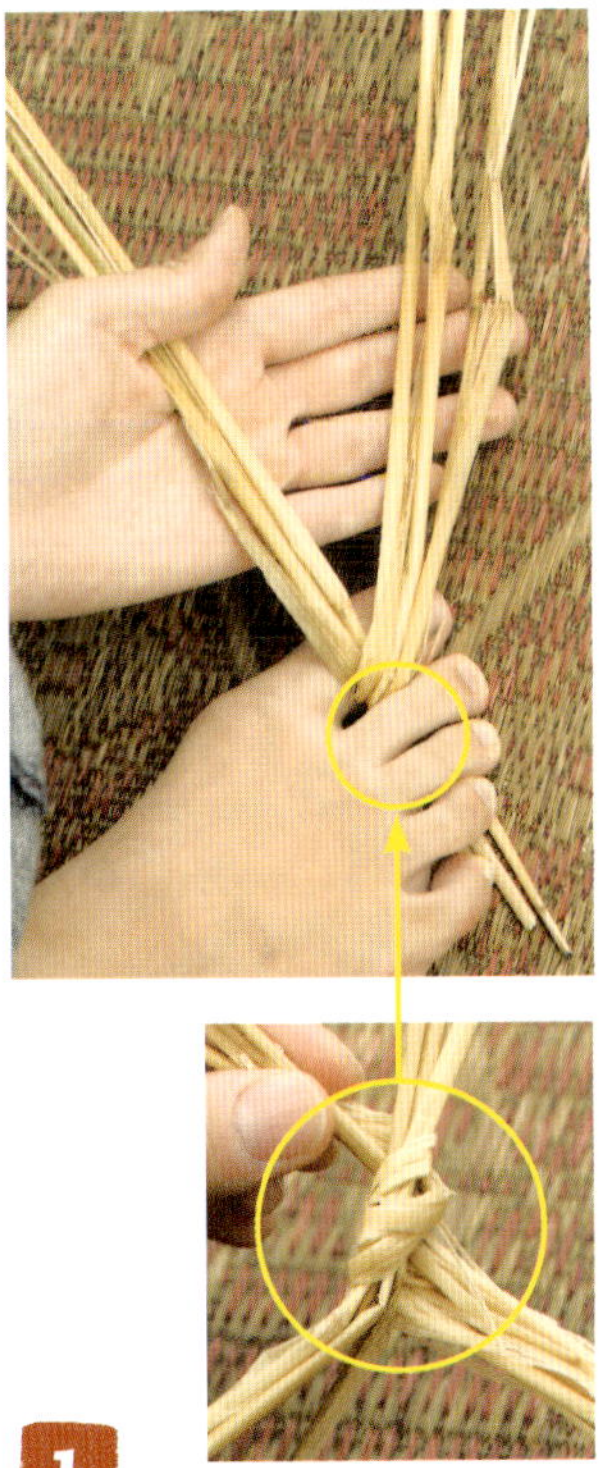

1

下処理したワラを6本用意し、3本ずつに分けて持つ。根元から3㎝ほどのところで片方をぐるっと巻きつけて結び目をつくり、その結び目を右足の指でおさえる

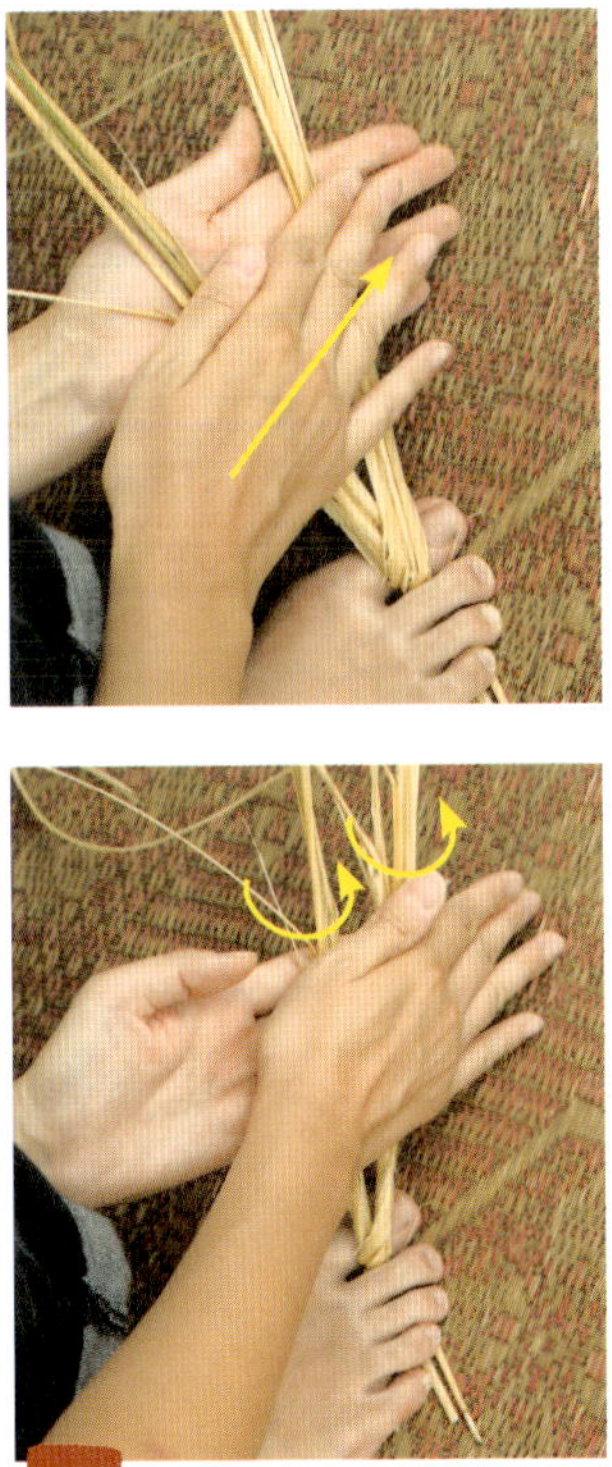

2

両手で2つの束をはさんで、右手を前に出すようにこすり合わせると、それぞれの束が左向きにねじれる

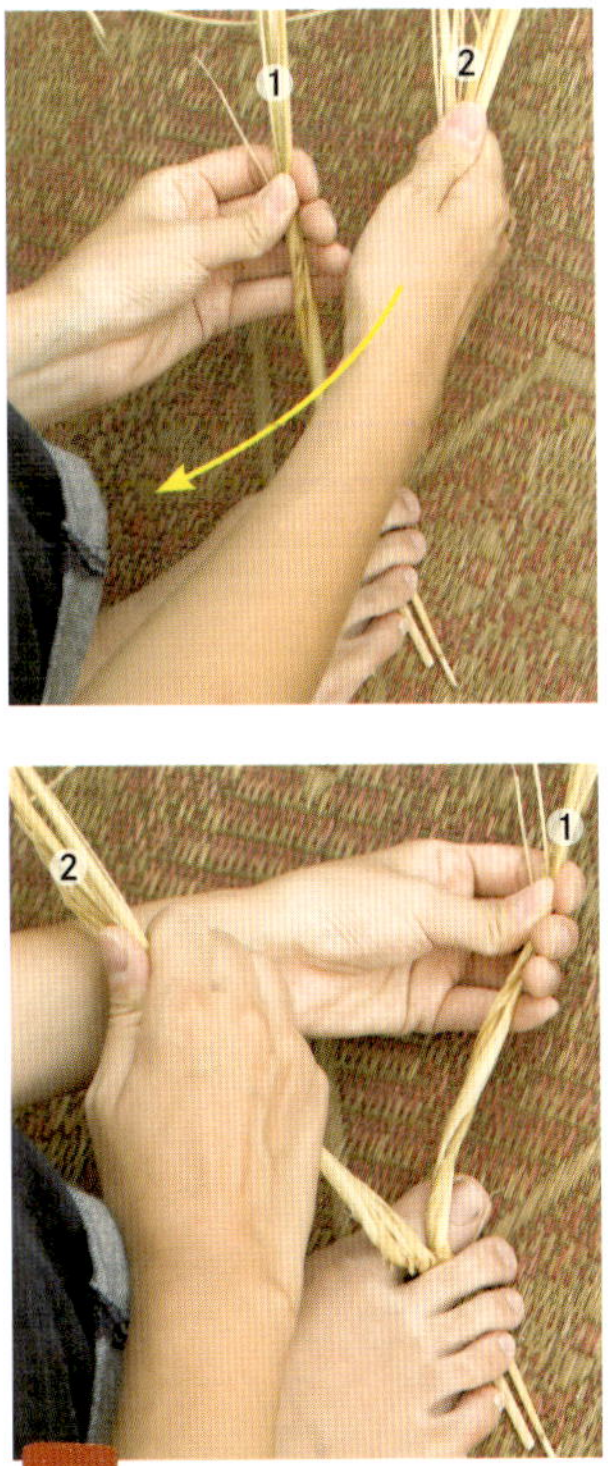

3

ねじれた束をそれぞれ手に持ち、右手を手前に動かすと、2つの束が交差して巻き合わさり、縄の1目ができる。2と3を繰り返すことで縄ができる

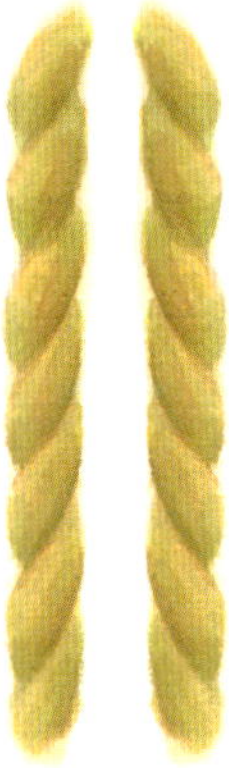

左縄　右縄

縄ないはワラ加工の基本の技術。昔は縄ないができて一人前といわれたほどです。使うワラの本数によって、2本ずつ4本なら「2本取り」、3本ずつ6本なら「3本取り」などと呼ばれます。縄には撚《よ》りの方向によって右縄と左縄があります。ここでは、日常使う道具や結束用の縄によく使われる右縄をマスターしましょう。

縄を長くするには？

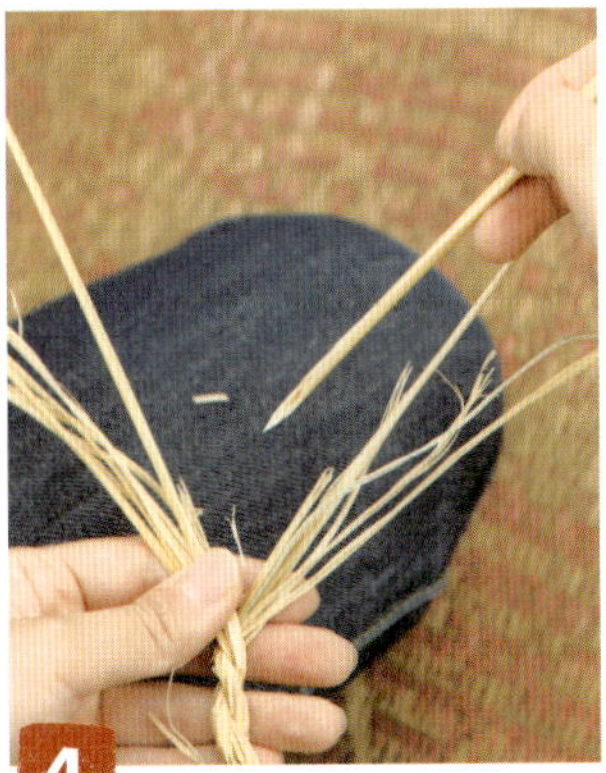

4

ワラの束が細くなってきたら、根元をななめに切ったワラを1本片方の束に挿し、1～2目なう。反対側も同じようにして継ぎ足し、縄を長くしていく

縄ないの原理を知る

1人が縄を固定し、もう1人がそれぞれの束を右向きにねじりながら、2つの束を左向きにまわしてからませていく。（左縄の場合）

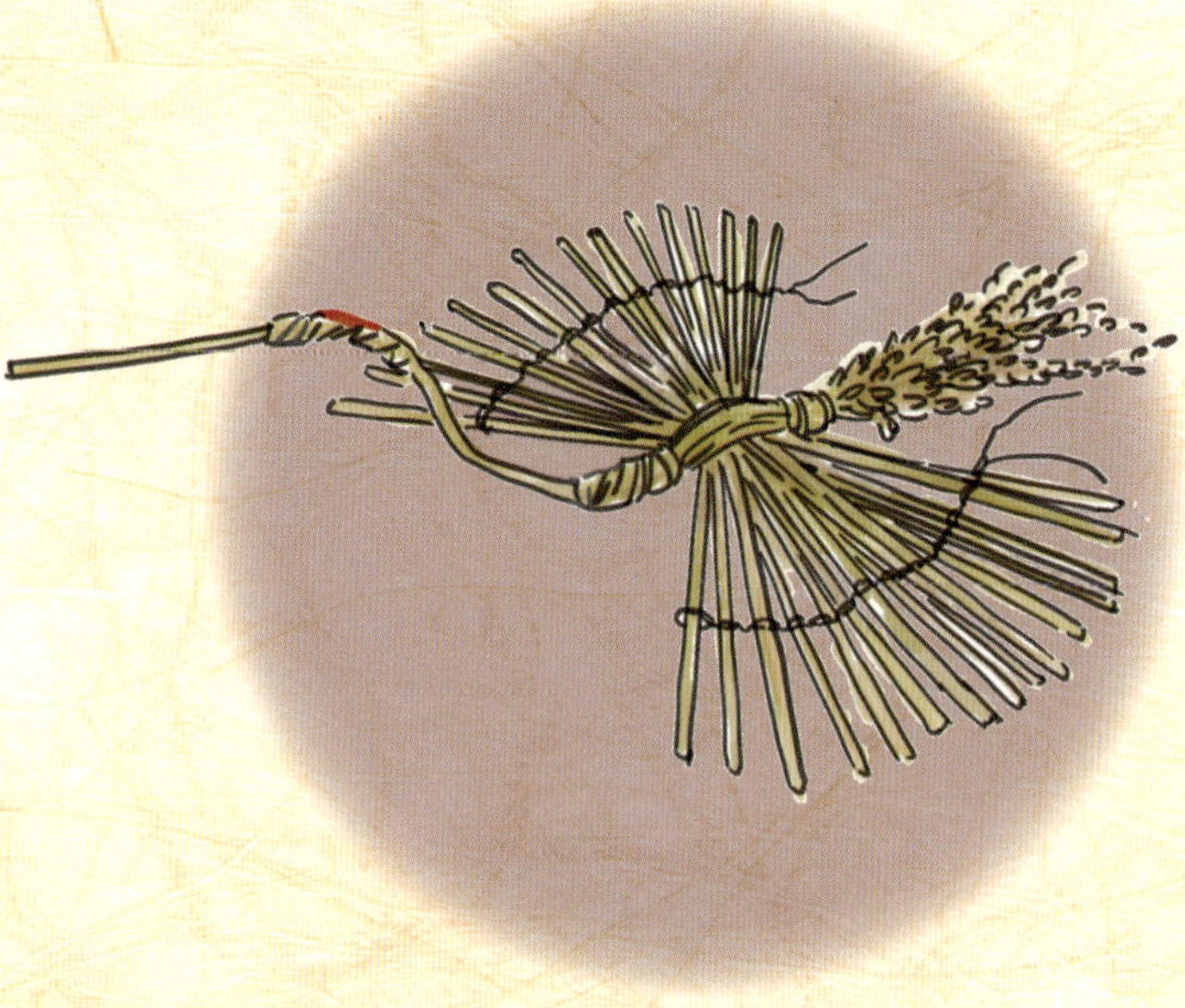

パート 2
初級編

卵つと
吊るしトウガラシ
鶴飾り
亀飾り
正月飾り（しめ飾り）

最初に紹介するのは、簡単な編みや組み、そして縄ないを取り入れた作品です。使うワラの量は、1〜2株分のワラでできるものが中心です。縄ないはワラ加工の基本としてぜひ身に着けておきたい技術ですが、もしつまずいてしまったら、縄ないがいらない作品をつくってワラに親しむところからはじめるとよいでしょう。

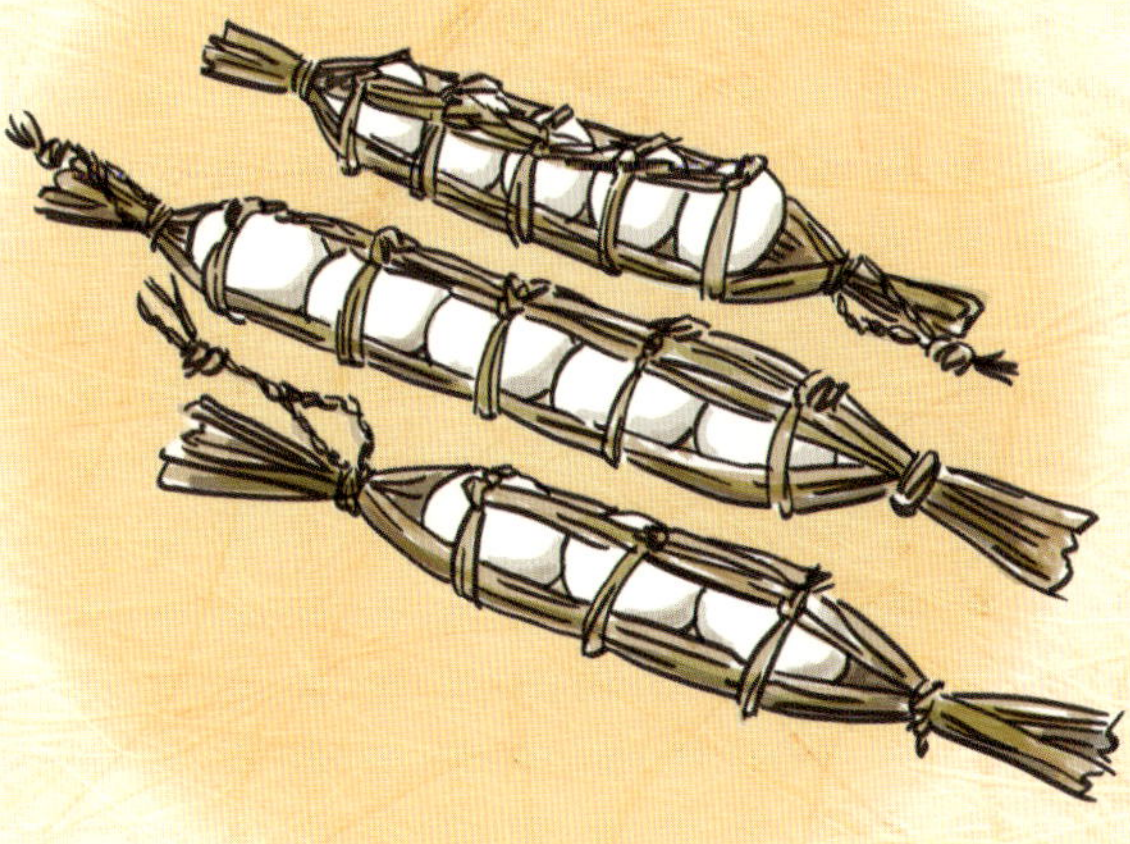

卵つと

30分

（市販品で代用可）

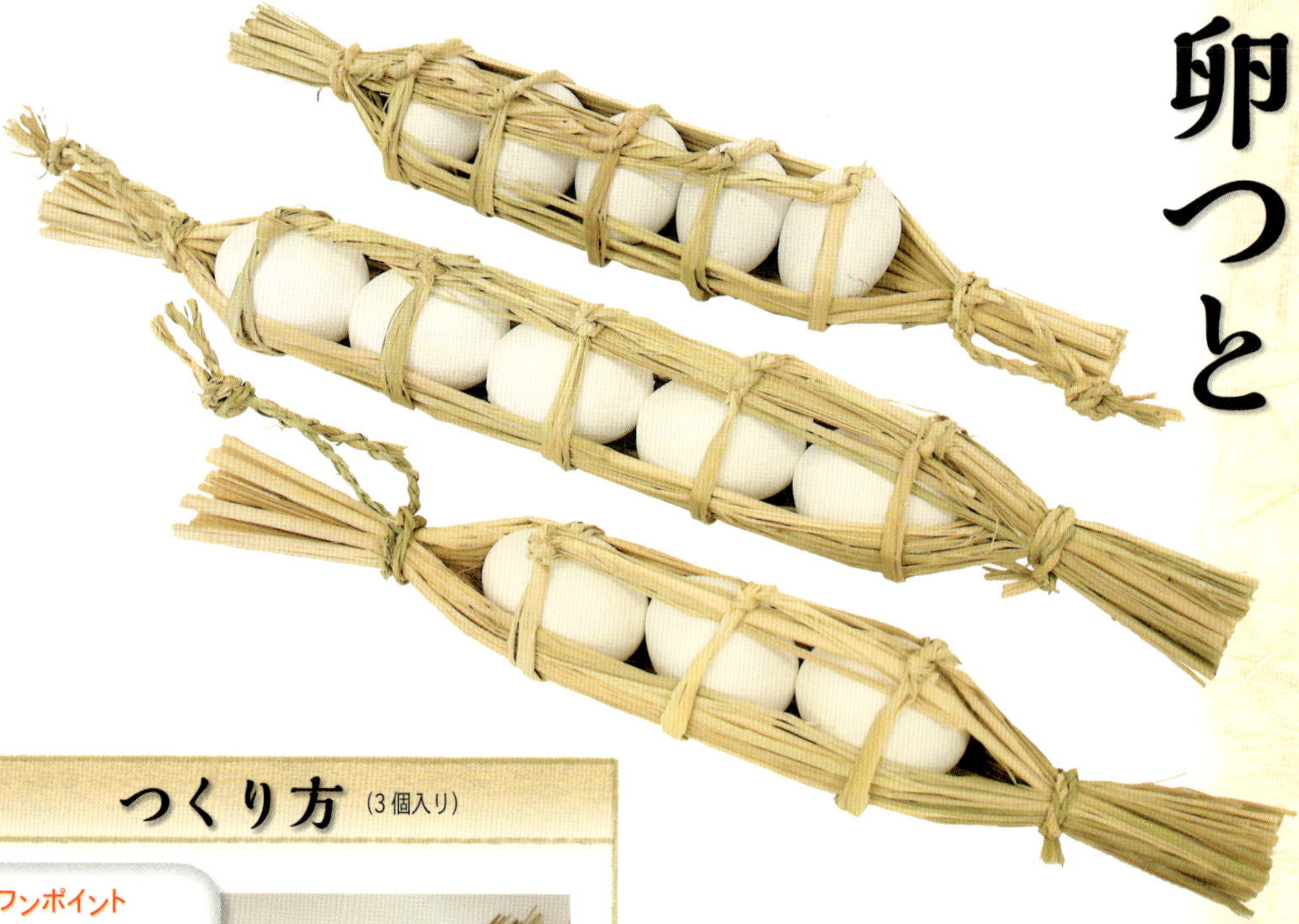

昔、貴重品だった卵は、お見舞いや贈答品に使われました。つとは、卵を守り、持ち運ぶのにも便利でした。でもそれだけではなく、包装にひと手間かけることも心づくしのうちだったのかもしれません。

さて便利なパックがある現代、あなたならどう使いますか？ ゆで卵をつめてピクニックに出かけたり、ニンニクを入れてみたり、あるいは…。

準備するもの

材料

- ワラ（細め〜中太）…約30本
- 細縄……60cm　市販品で代用可。自分でなう場合は2本取り。
- 麻ヒモ……60cm
- 卵……3個

道具

- ハサミ
- 霧吹き　作業中、ワラが乾いてきたら適宜ふきかける。

制作に入る前に

・ワラを下処理しておく。
・細縄を用意しておく。
・初心者は卵をゆでておくと扱いやすい。

つくり方（3個入り）

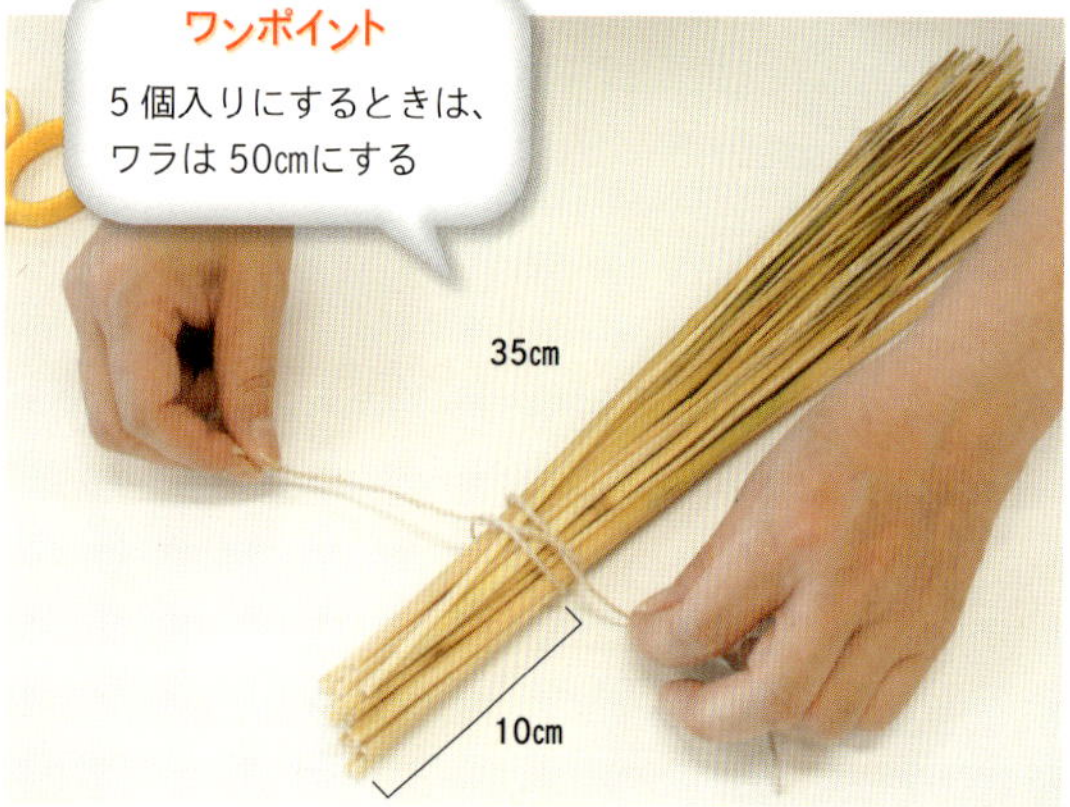

ワンポイント
5個入りにするときは、ワラは50cmにする

1 ワラは根元と穂先を切り落とし35cmにする。編みワラとして3本取りおき、残りは根元から10cmのところを麻ヒモで巻き結び◆にする（こちらがつとの上端になる）

2 結び目の上を「ワラ打ち」などでたたくか、何度か折り曲げてやわらかくする

制作のポイント

- 卵の並べ方は、縦、横、お好みで。縦に並べるときは、少しななめにずらして並べると割れにくい。
- 編み進めると、卵をおさえる編みワラの本数が増え、卵をおさえる力が増す。
- ワラを長めに切れば、5個くらいまで卵をつつめる。

3

つとの上端のワラを均等に広げる

4

卵を 1 個入れ、編みワラを 1 本とる

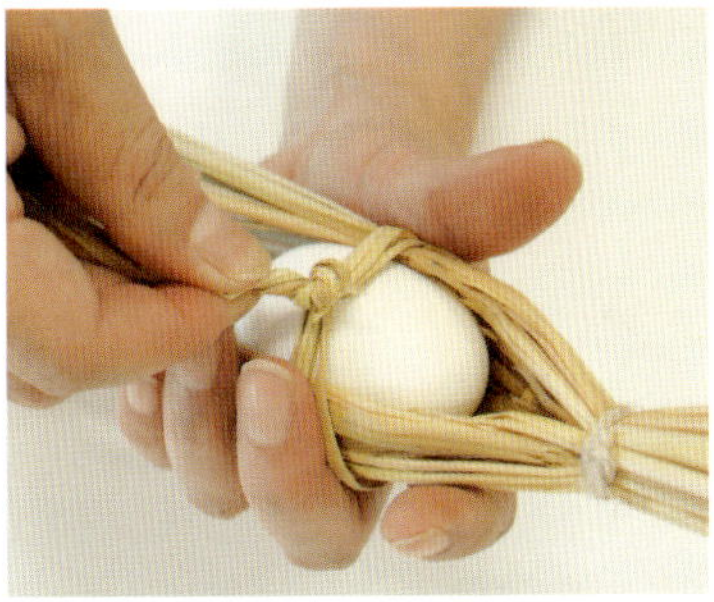

5

卵の中央で編みワラを合わせ、こぶ状になるまで何度もねじる

ワンポイント
1 本目の編みワラを
親指でおさえる
2 本目の編みワラ

6

2 個目の卵を入れ、2 本目の編みワラを用意

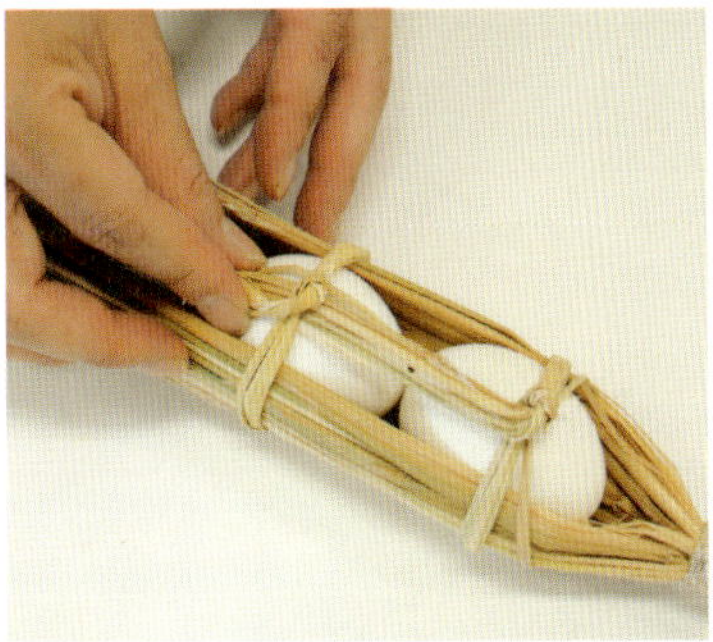

7

5と同様にねじって、2 個目の卵と 1 本目の編みワラをおさえる

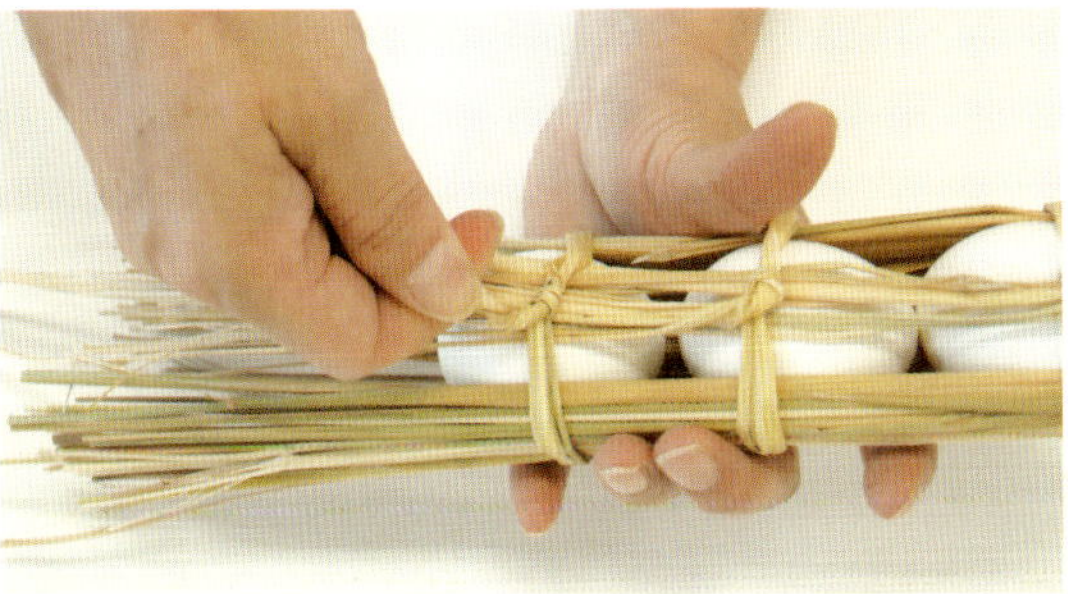

8

3 個目の卵も同じようにする

9

卵が落ちないよう、穂先を麻ヒモでしっかり巻き結び◆にする（こちらがつとの下端になる）

10

余分なワラを切り落とす

11

つとの上端を細縄で巻き結び◆し、両端をまとめて輪にする。細縄の先を切り取ったら完成！

◆ 結び方は巻末参照。

2

初級編

30分

吊るしトウガラシ

真っ赤なかわいいトウガラシ。そのトウガラシを乾燥・保存するための知恵です。赤は魔よけの力があると信じられ、地方によってはトウガラシを玄関などに下げる風習もあるそうです。編み方はとても簡単。稲穂がついたままのワラを使うと、ぐっとおしゃれなインテリアになります。

制作のポイント

- トウガラシは、なるべくすき間なくぎっちり並べると、見た目がきれい。
- ワラは細めのしなやかなものを選ぶ。

準備するもの

材料

ワラ（細め）……4本
赤トウガラシ（生）……10〜20個ほど
ラフィア……20㎝

道具

ビニタイ……1本
ハサミ
霧吹き

制作に入る前に

・ワラを下処理する（ワラたたきは入念に行なう。ミゴ抜きは不要）。

つくり方

1 ワラは細めのものを用意する。ミゴはつけたままでよい。よくたたき、根元の節を切り落とす

2 ワラ4本を束にし、根元から5㎝のところをラフィアで巻き結び*にする

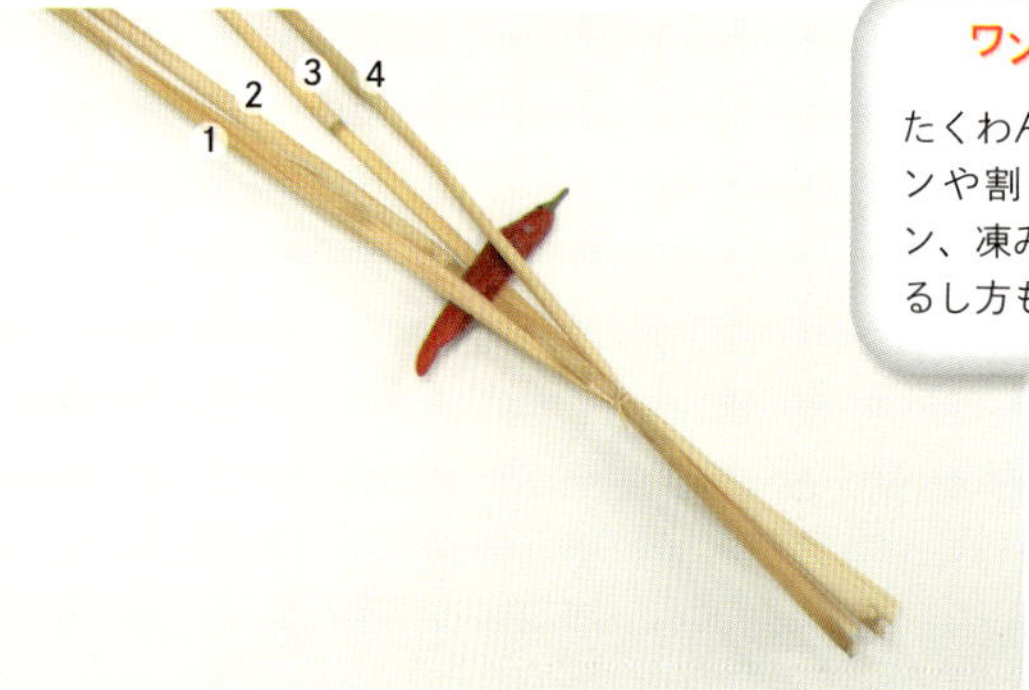

3 ワラを広げ、内側の2本（②③）と外側の2本（①④）の間にトウガラシをはさむ

ワンポイント

たくわん漬けのダイコンや割り干しダイコン、凍み豆腐などの吊るし方も同じ

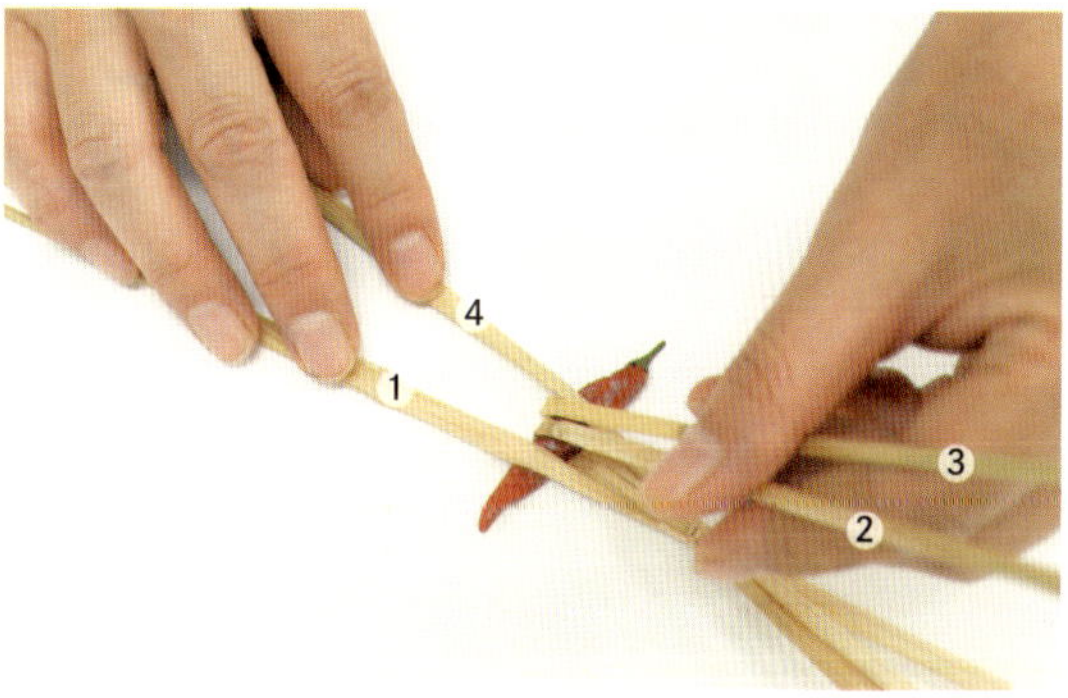

4 内側の 2 本を上に折る

5 2 個目のトウガラシを、外側のワラ 2 本の上に置く

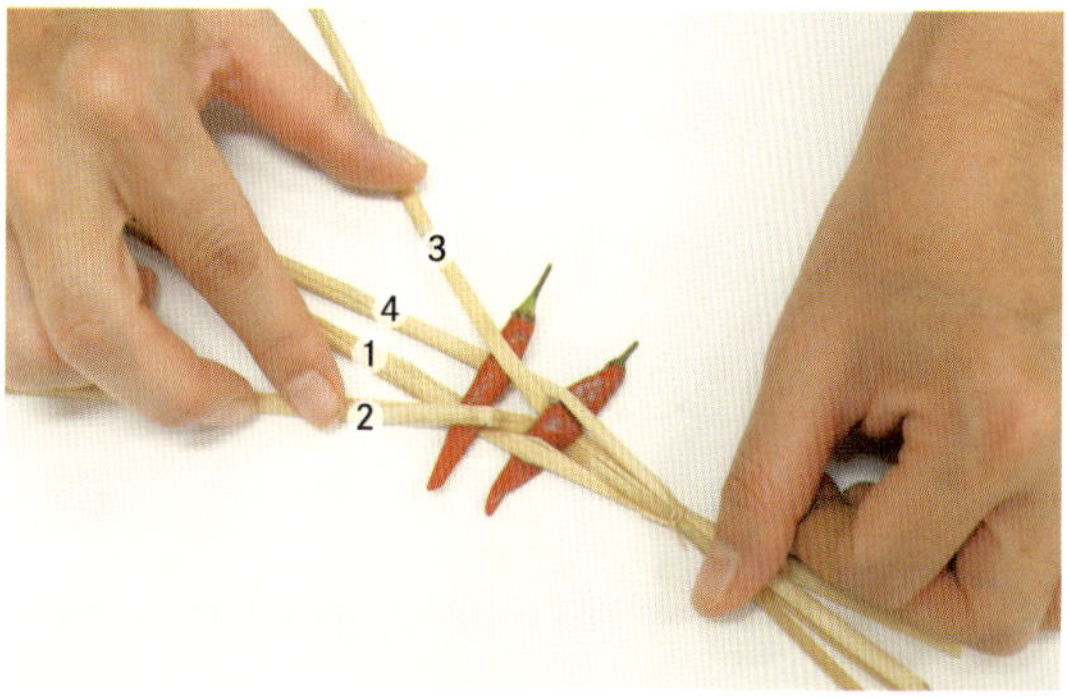

6 折り上げたワラ（②③）を、今度は外側になるようにして戻す

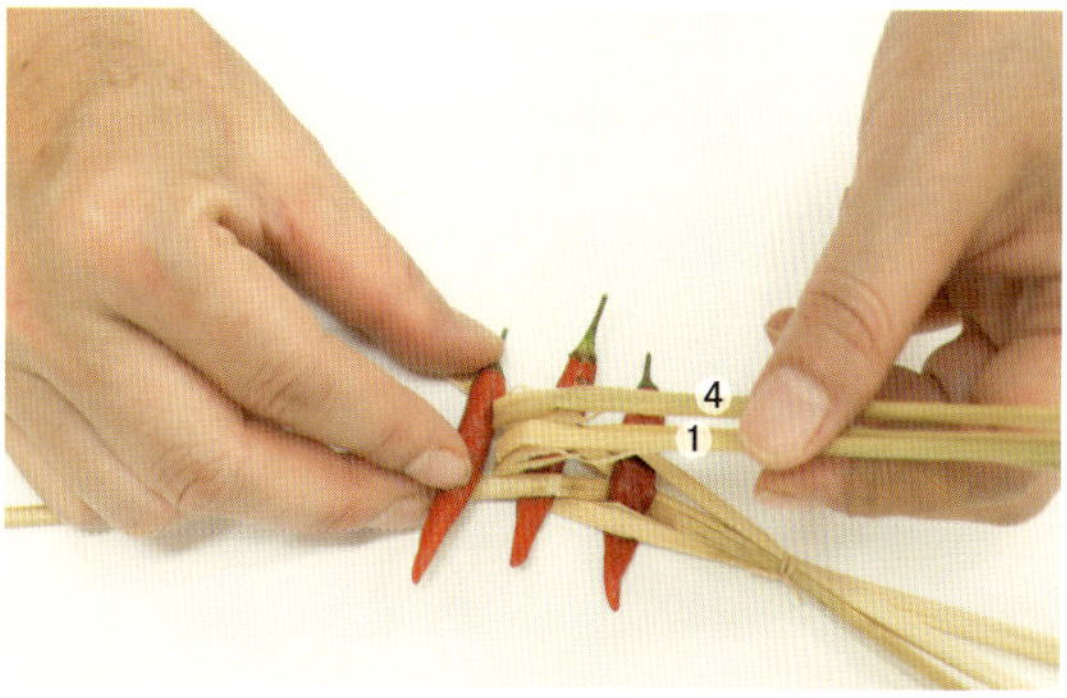

7 内側のワラ 2 本（①④）を上に折り、3 個目のトウガラシを外側のワラ（②③）の上に置く

8 6と同じように、折り上げたワラを戻す

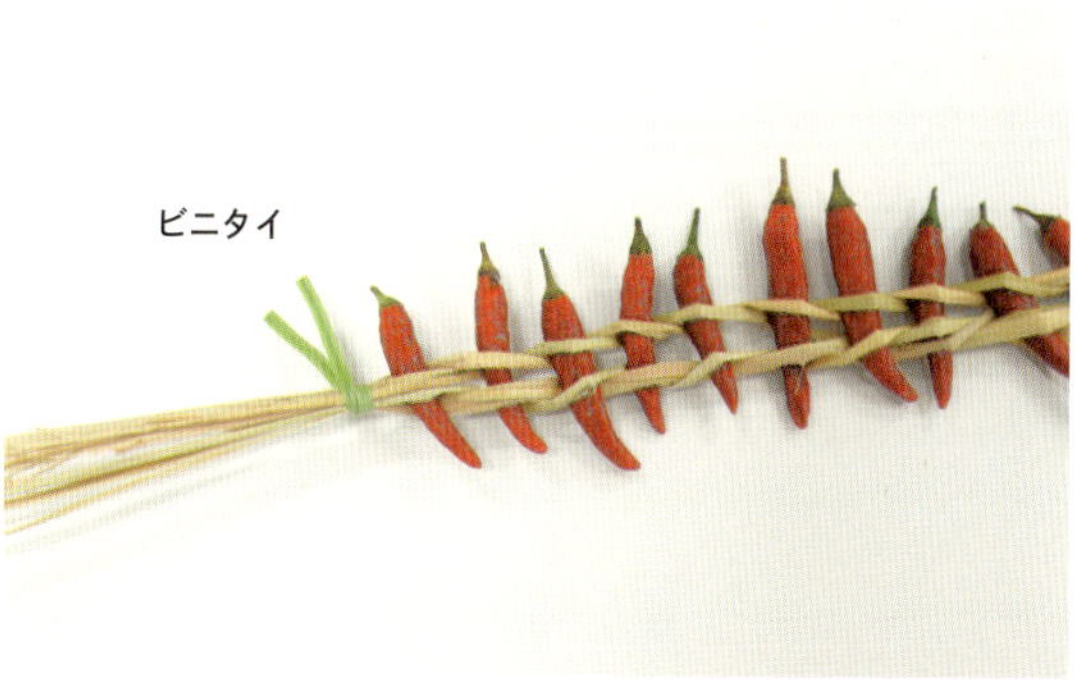

9 同じ工程を繰り返し、編み終わったらビニタイで仮どめしておく

10 編み終わりをラフィアで巻き結び◆にする

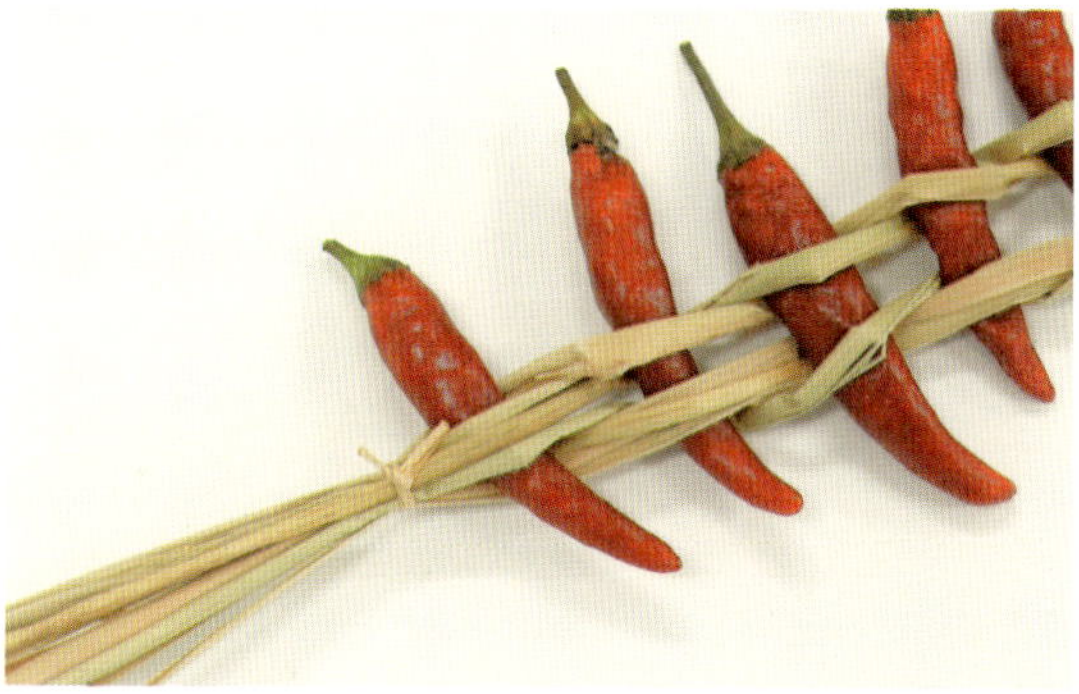

11 ラフィアの端を切り落としたら、できあがり

◆ 結び方は巻末参照。

2 初級編

鶴飾り

1時間

古来より鶴はおめでたい鳥。鶴の肉は高級食材として珍重され、江戸時代には将軍家が独占したそうです。鶴の飾りや模様は暮らしのさまざまなシーンに使われ、デザインもじつに多様ですが、喜びを祝う形としてワラでもつくられました。平たいのでピンでとめることも可能。壁飾りにしたり、お祝いの贈り物に添えたりなど、幅広く楽しめそう。

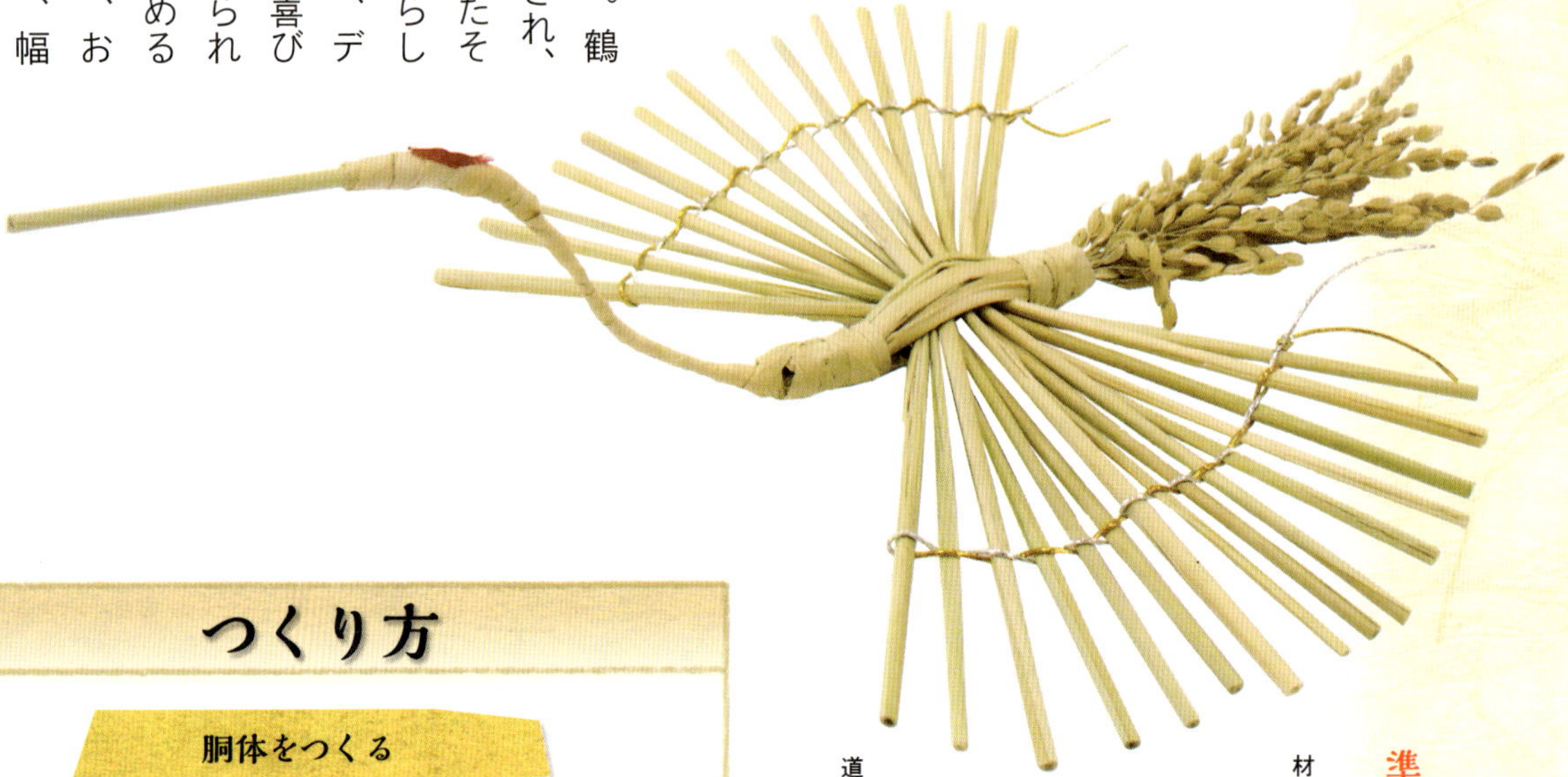

準備するもの

材料

- ワラ
  - 胴体用……1本
  - 翼用……10～15本
- 稲穂……3～5本
- タコ糸……100cm
- ラフィア……約50cm
  - ※ワラに近い色のものを選ぶ。
- 金・銀の水引……2本
  - ※ご祝儀袋を解体して使ってもよい。
- 針金（太さ0・9㎜）……約12cm×1本
- 赤い布……少々

道具

- ハサミ

制作に入る前に

・ワラを下処理する（ワラたたきは軽めでよい。ミゴ抜きは不要）。

制作のポイント

- 部位ごとに適したワラの部分を使うのがポイント。(翼には稈《かん》の部分を使う、くちばしには節のない、細くしっかりしたものを選ぶ、胴は全草を使うなど)
- しっぽに古代米などを使えばよりバラエティ豊かに仕上がる。

つくり方

胴体をつくる

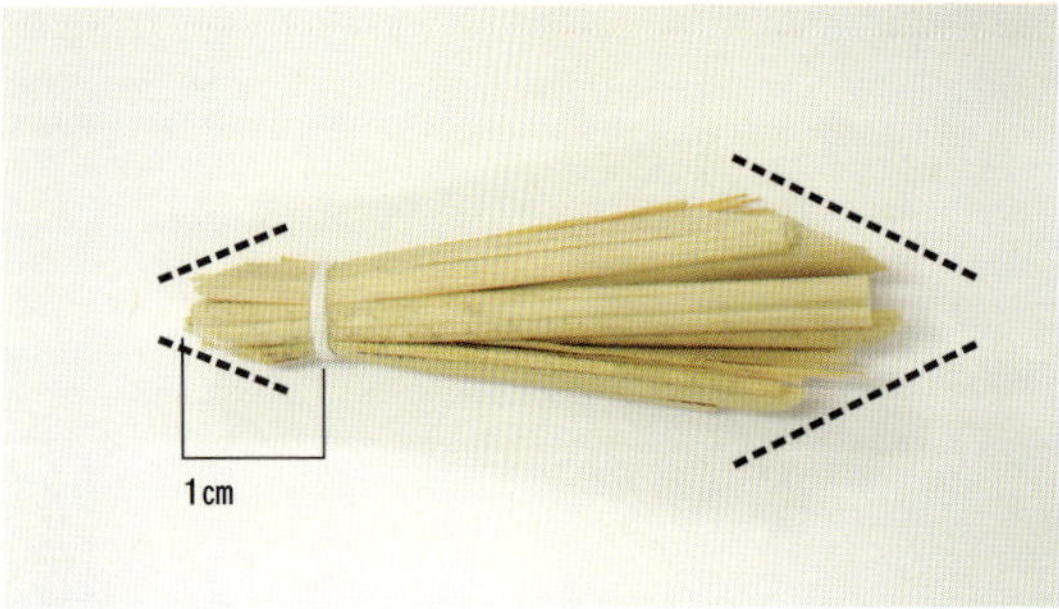

1 1本のワラを5cm程度の長さで3～4回折りたたんで、片方の端から1cm程度のところでタコ糸で結ぶ。タコ糸で結んだら両端を鋭角になるように切る

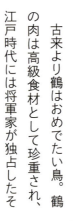

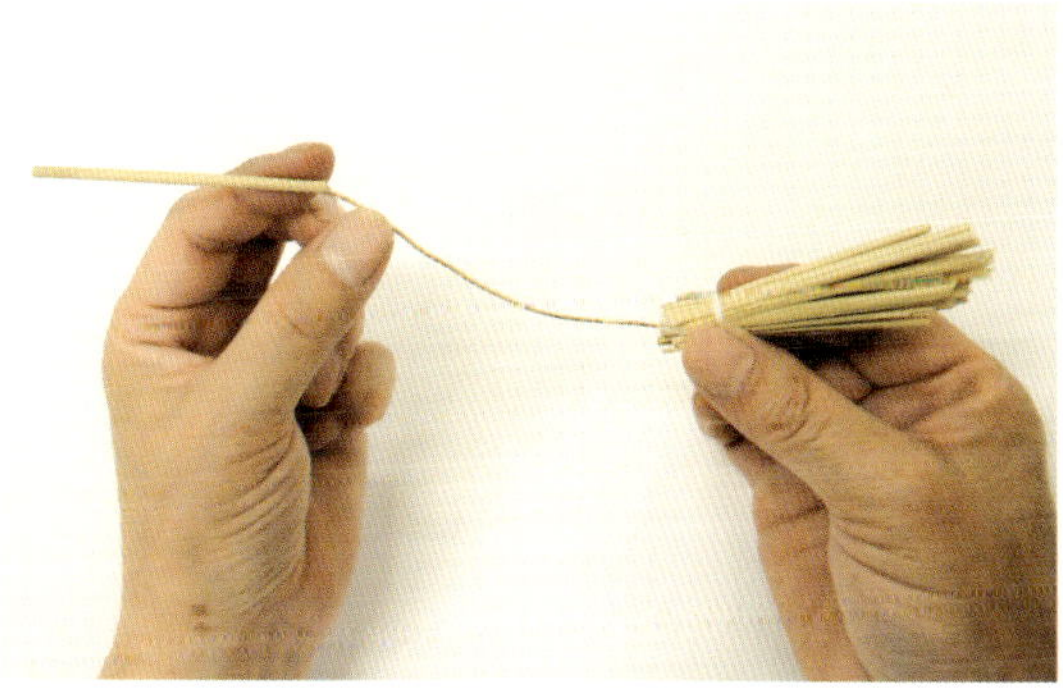

2 針金を胴体に 5㎝程度さし込む。少し曲線をつける。さらにくちばし用に細い稈を選んで 5㎝程度に切り、針金にさし込む

3 ラフィアを水に 10 分程度つけておく。くちばしの稈《かん》にラフィアを 1㎝くらい巻いた後、針金に巻きつけていく。頭のところはボリュームをつけ、胴体とつながる部分はなめらかにすると鶴らしくなる

頭のふくらみを出す
首と胴体がなめらかにつながるように

ワンポイント
ラフィアはお腹側に結び目が来るようにして結ぶ

翼をつくる

4 翼用のワラは稈の部分だけを 20㎝に切ったものを15本用意する

5 真ん中でタコ糸で巻き結び◆にし、さらにひとえ結び◆にする

6 胴を上下に割り、翼をさし込む

ワンポイント
タコ糸はお腹側で結ぶ

7 しっぽ用の稲穂をさし込み、上からタコ糸でしばる

8 胴体にラフィアを巻きつけ、タコ糸をかくす

ワンポイント
稈の順番が自然に並ぶようにする

9 翼を扇形に広げる

◆ 結び方は巻末参照。

ワンポイント

翼の桿《かん》は等間隔にし、
水引は円を描くように
するときれい

a

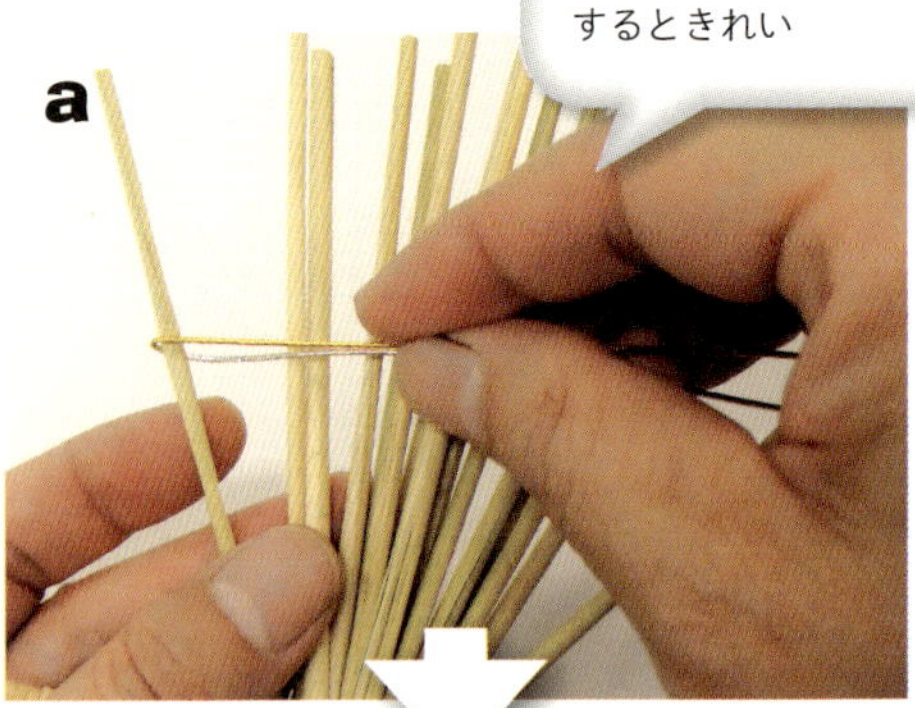

b

c

d

10 翼に水引をかけていく。水引は最初に半分に折り、上下交互に編んでいく（双子編み）

11 最後まで編んだら真結び◆にして、2cm程度残して切る

12 反対側も同様に編んでいく

ワンポイント

水引とワラの先端が
同心円を描くように
するときれい

13 翼の形を整え、先端を切りそろえる

14 赤い布をしずくの形に切って頭部に貼って完成！

2

初級編

亀飾り

1時間

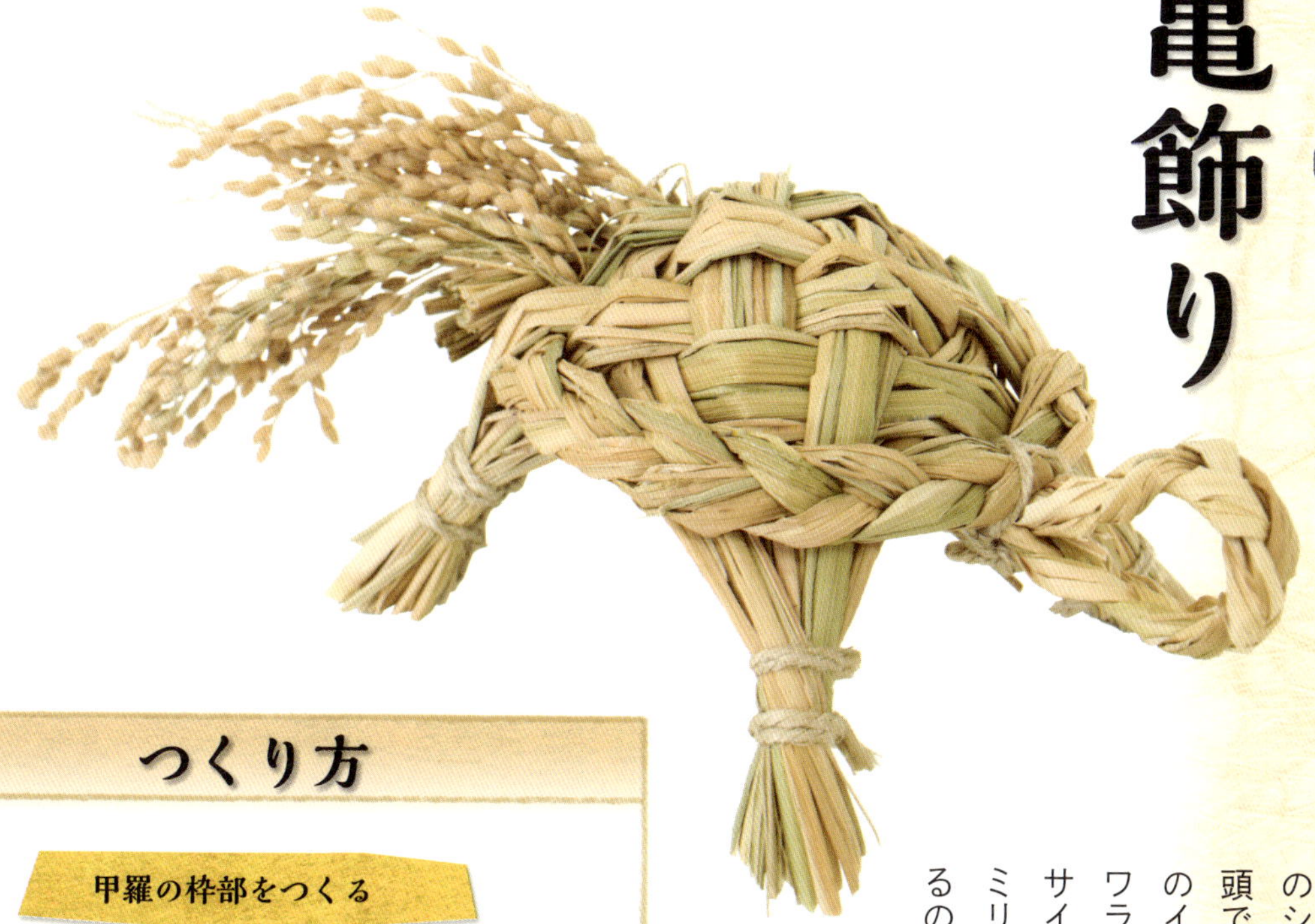

鶴は千年、亀は万年。どちらも長寿のシンボルで、おめでたい生き物の筆頭です。稲穂をしっぽに使えば、豊作のイメージで縁起物らしさがアップ！ワラの本数を変えて、大小さまざまなサイズをつくると、親亀・子亀のファミリーに。たくさんつくって並べて飾るのも楽しいですね。

準備するもの

材料

- ワラ……………28本
- 稲穂…………5〜10本
- 麻ヒモ………200cmぐらい

道具

- ビニタイ……10本
- 千枚通し
- ハサミ
- 霧吹き

制作に入る前に

・ワラを下処理しておく。

制作のポイント

● 頭部の曲げ方、甲羅のふくらみ、足先の角度など、ちょっとしたところに表情が出る。

つくり方

甲羅の枠部をつくる

ビニタイ

ワンポイント
きつすぎず、ゆるすぎず、よい加減に

1 ワラ６本の根元をそろえてビニタイでとめ、２本ずつで三つ編み◆にする。頭部用（15cm）と甲羅の枠部用（30cm）の２本つくる

◆ 結び方・編み方は巻末参照。

2

頭部の三つ編みを半分に折り曲げ、頭が上向きになるよう形を整える

3

頭の先端から 4㎝ぐらいのところを麻ヒモで真結び◆にする

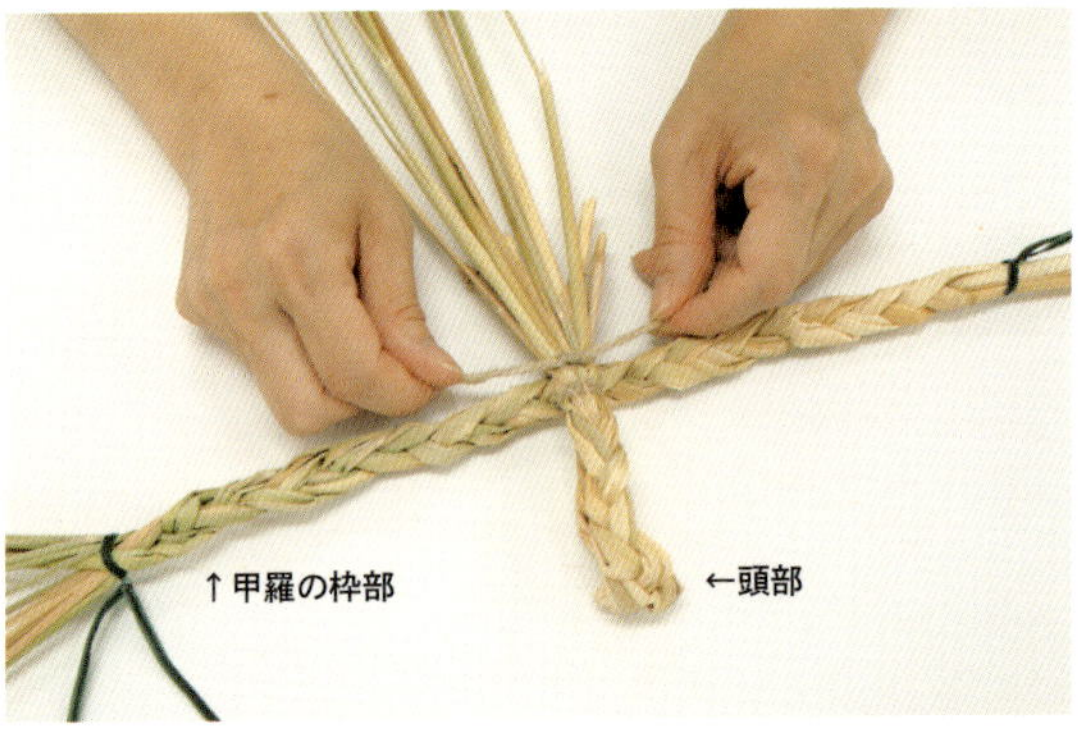

4 甲羅の枠部と頭部の三つ編みを十字に組み合わせ、麻ヒモを×字にかけて裏側でしばる

甲羅本体をつくる

5 ワラ 16 本を選び、根元と穂先を除いて 30㎝のワラが 2 本ずつとれるように切る。根元側の 2 本と穂先側の 2 本を、上下が互い違いになるようにして 4 本 1 組にする。合計 8 組つくり、それぞれ 1 カ所ずつビニタイでとめる

※ワラが短い場合は 1 本ずつとり、ワラの本数を増やす。

6

4 組のワラを横に並べて置き、残りの 4 組を縦に置いて井げたに組んでいく

7

組んだ井げたの目をつめて甲羅の形にしながら、4 組ずつビニタイでとめて脚をつくる

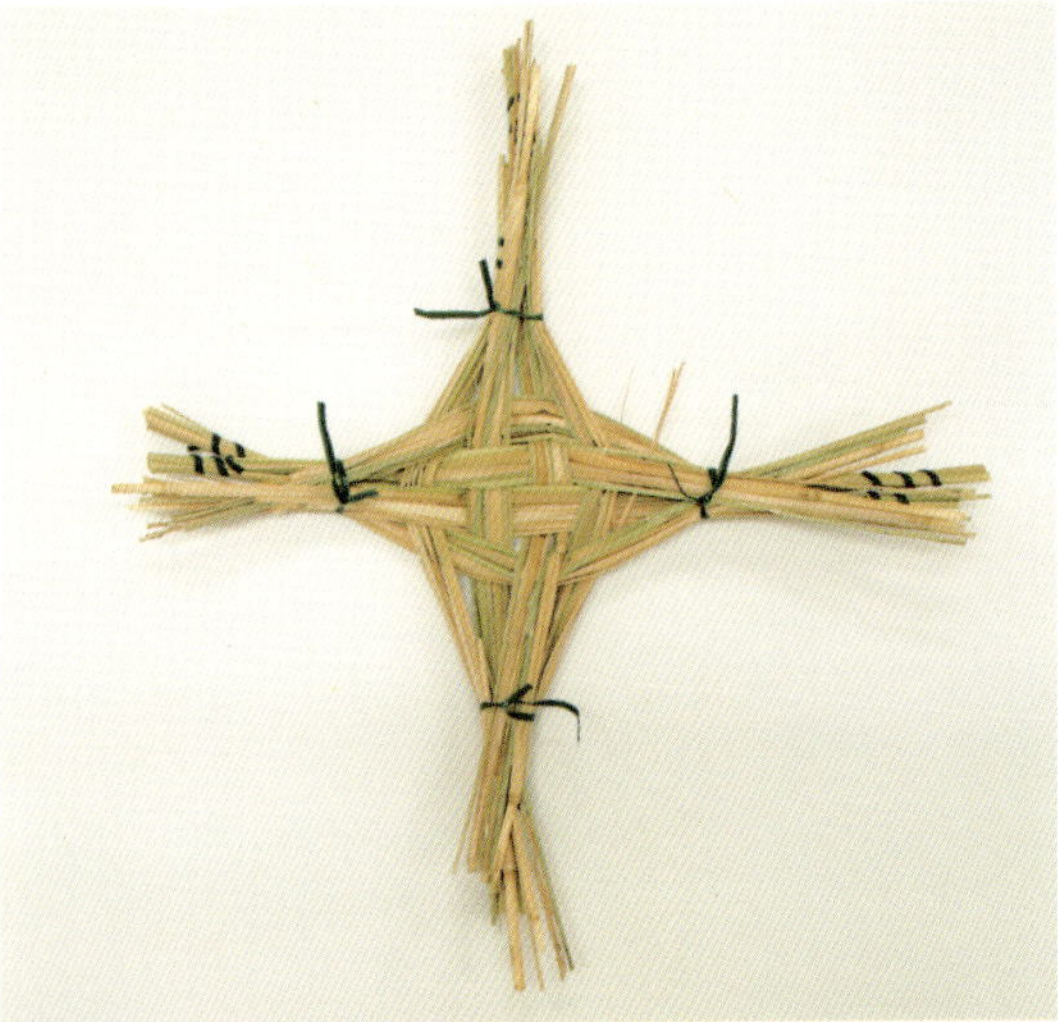

8 甲羅本体のできあがり

組み立てる

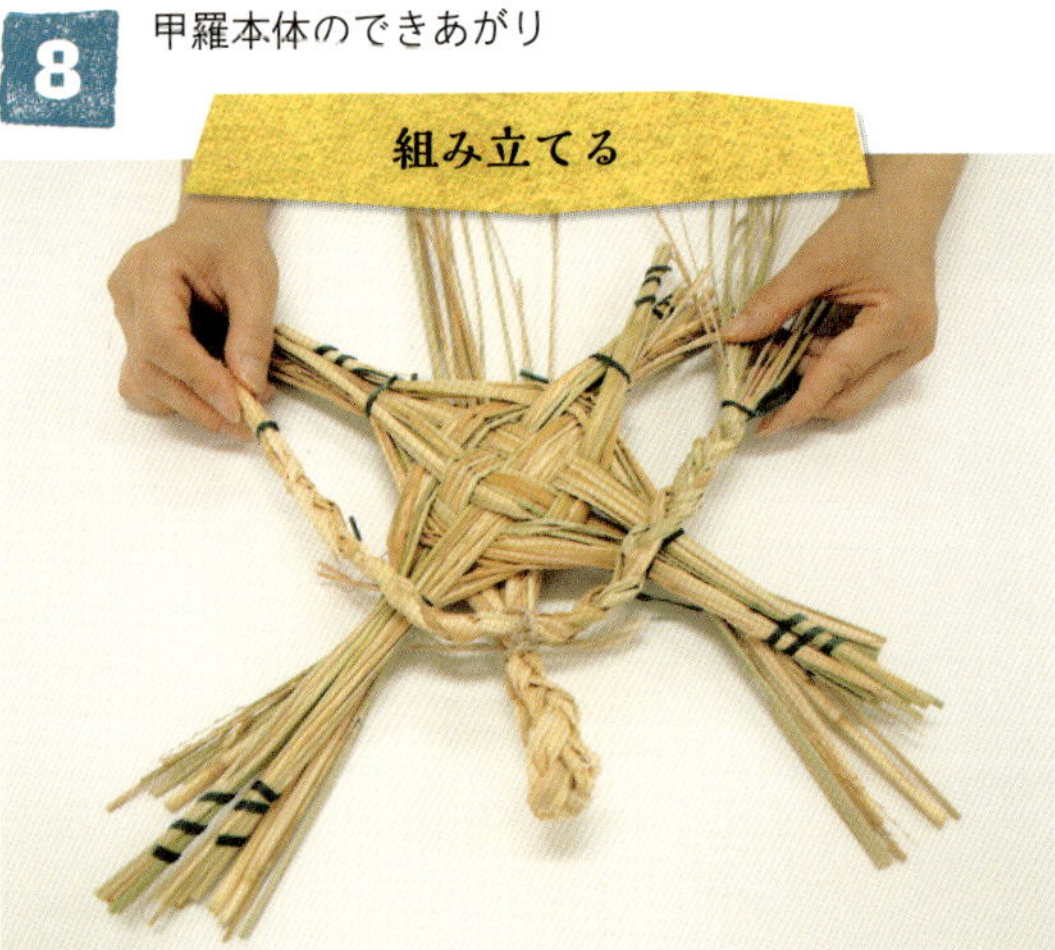

9 甲羅の枠部と、甲羅本体を組みあわせる

10 後脚《あとあし》のビニタイをいったんほどき、甲羅の前から2つ目のワラ束の下に甲羅の枠部をくぐらせる。後脚はもう1度ビニタイでとめておく

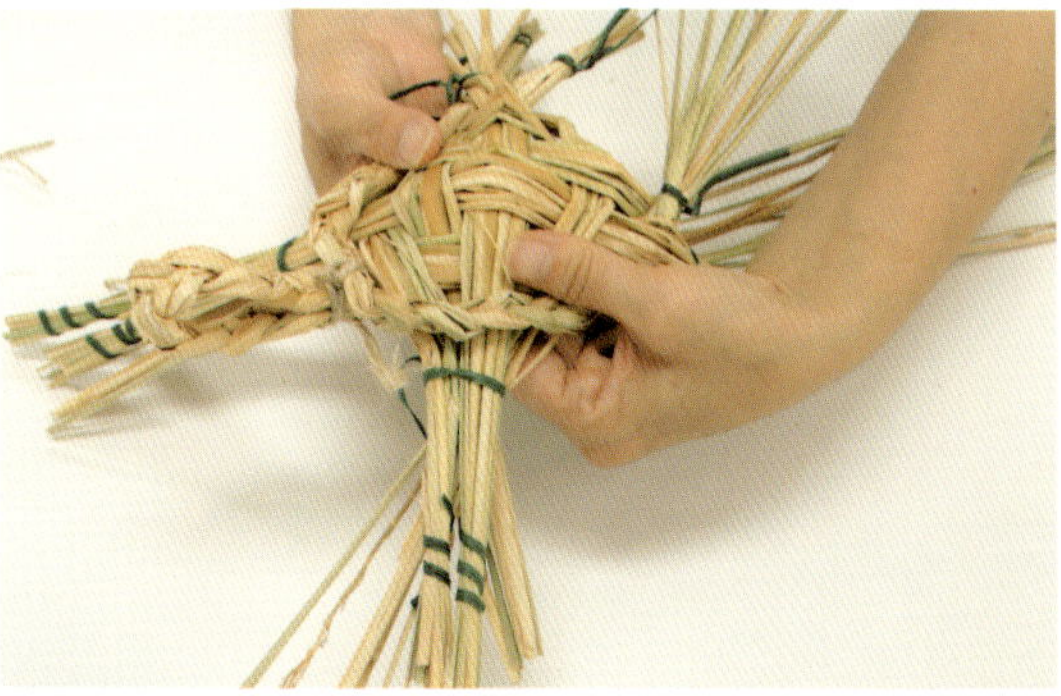

11 反対側も同様にし、甲羅が丸みを帯びるよう手で整える

12 甲羅の枠部の両端を、麻ヒモでしっかり結び合わせる。余分なワラは切り落とす

13 裏返し、頭部の余分なワラをしっぽのつけ根あたりで切り落とす

仕上げ

14 4本の脚について、脚のつけ根と先の2カ所ずつ麻ヒモで巻き結び◆し、脚の裏側で縦結び◆で結ぶ。麻ヒモの端は切り落とす

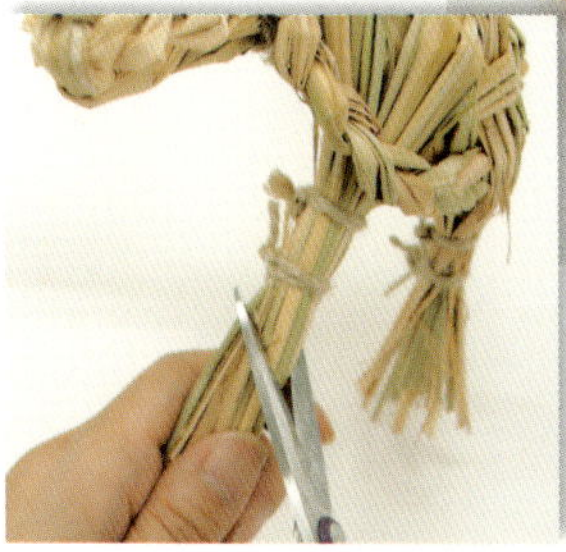

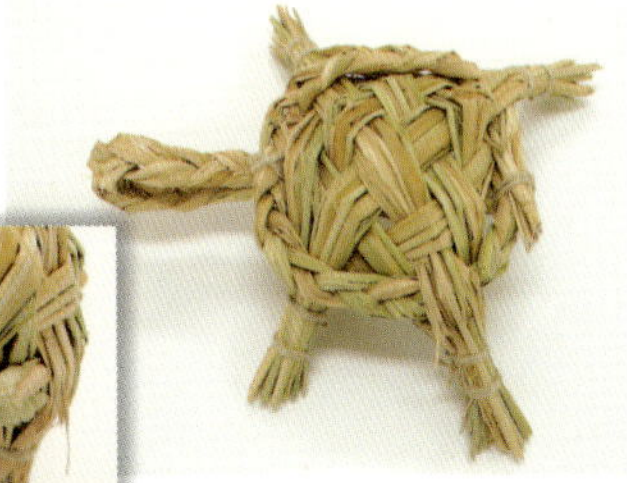

15 脚のワラを、外側が長くなるようななめに切り落とす

16 脚のワラを切り終えたら、甲羅の枠のすきまから稲穂をさし込む。編み目に通すには、千枚通しが便利

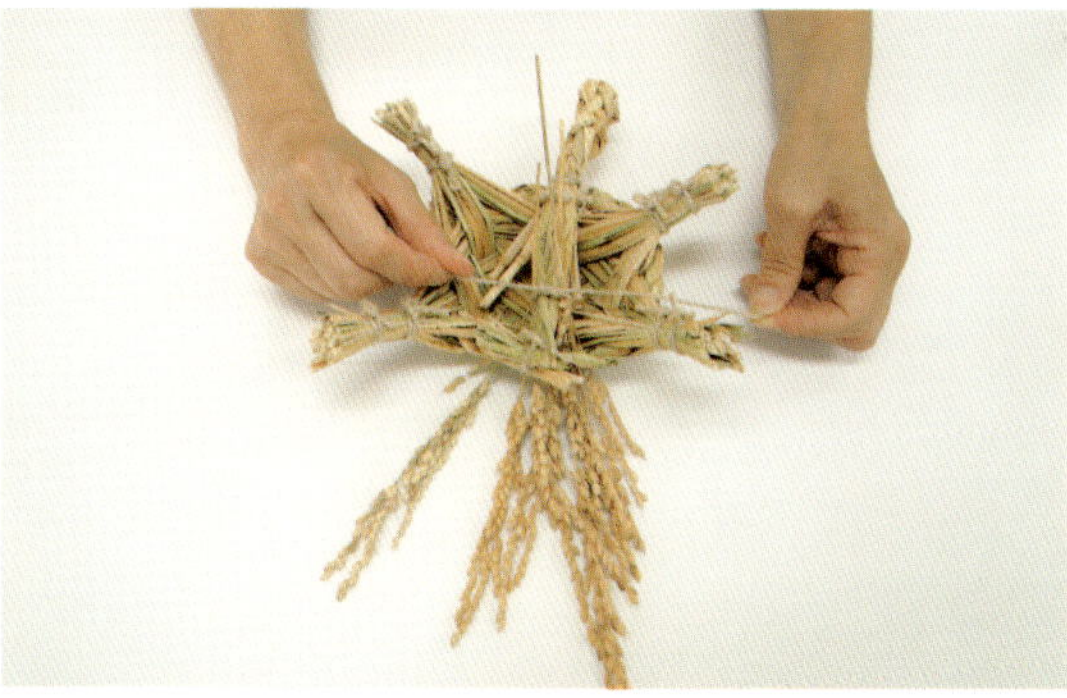

17 稲穂の軸を頭部のワラといっしょに麻ヒモで束ねてしばる。全体の形を整えて完成！

◆ 結び方は巻末参照。

正月飾り（しめ飾り）

1時間

お正月、玄関や門に飾るのが正月飾り。歳神《としがみ》さまを迎えるために清められた場所を示す意味が込められているといわれています。白い紙は「紙垂《しで》」という飾りで、「鏡もち」や「しめ縄」でおなじみの飾り。雷の多い年はイネがよく育つという言い伝えから、豊作を願ってこの形になったとされています。稲穂をつけたり水引で飾ったり自在にアレンジを加えて、オリジナルの正月飾りをつくってみましょう。

準備するもの

材料

- ワラ……………………30本
- 麻ヒモ
- 紅白の和紙・水引き
  ※ご祝儀袋を解体して使うとよい。
- モミのついた穂
  ※ひこばえの穂も使える。

道具

- ビニタイ
- 霧吹き

制作に入る前に

・ワラを下処理しておく（ワラ打ちは不要）。

つくり方

三つ縄（輪飾り）をなう

1

ワラの束を麻ヒモで根元をしばり、3つの束に分ける

2

しばったところから下の部分を左足で押さえ、手前の2束をそれぞれ右向きにねじる

制作のポイント

- 荷物を縛ったりするときの縄は、右縄だが、正月飾りには左縄をつくる。
  ※日本では、昔から左は神聖、右は日常とする考え方がある。
- 手軽に飾りつけるなら、100円ショップのご祝儀袋が大活躍。豪華な水引やきれいな和紙などが、正月飾りを華やかにするのにぴったり！

3

それぞれをねじりながら、互いにからみつけるように、左向きに巻き上げる

4 編み上げた先を、ビニタイでとめておく（①）

5

残りの1束（②）を、右向きにねじり上げる

6

①の目に沿わせて、②を2目おきに巻きつけると、三つ縄になる

7 編み上げたら、①をまとめているビニタイで、いっしょにとめる

8

ビニタイをはずし、麻ヒモで巻き結び◆する

9

縄をぐるっと丸めて、とめてある部分を重ね合わせて麻ヒモでしばる

10

土台が完成したところ

紙垂《しで》をつくる

11

白い紙を四角く切ったものを2枚つくる

ワンポイント

一辺が輪の半径くらいになるように

◆ 結び方は巻末参照。

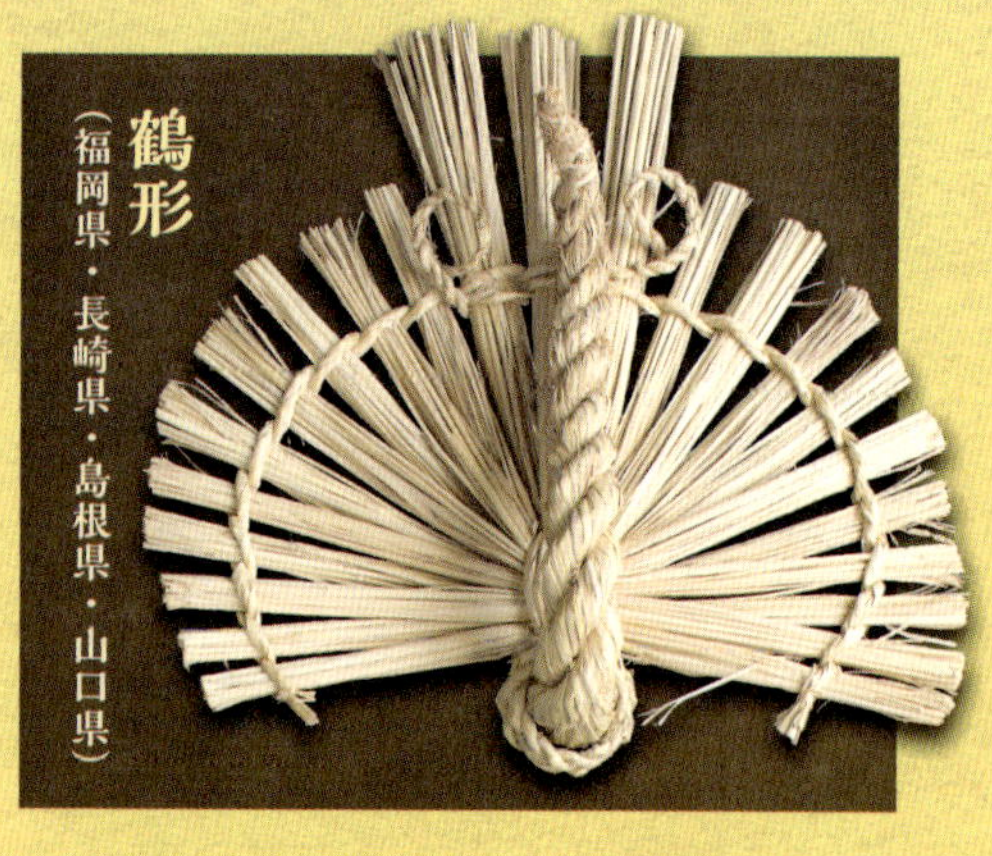

鶴形（福岡県・長崎県・島根県・山口県）

千年生きるといわれる鶴は縁起物の代表格。くちばしの先に魔よけの意味で赤いトウガラシをつける地域もある

馬形（三重県）

馬は神様の乗り物で、昔は本物の馬を奉納していた。しだいに木や土でつくったり、お正月はワラでつくった馬のしめ飾りをつくるようになった

しゃくし形（愛媛県）

しゃくし（汁物をよそう道具）で今年一年の福をすくい取る、という意味が込められている

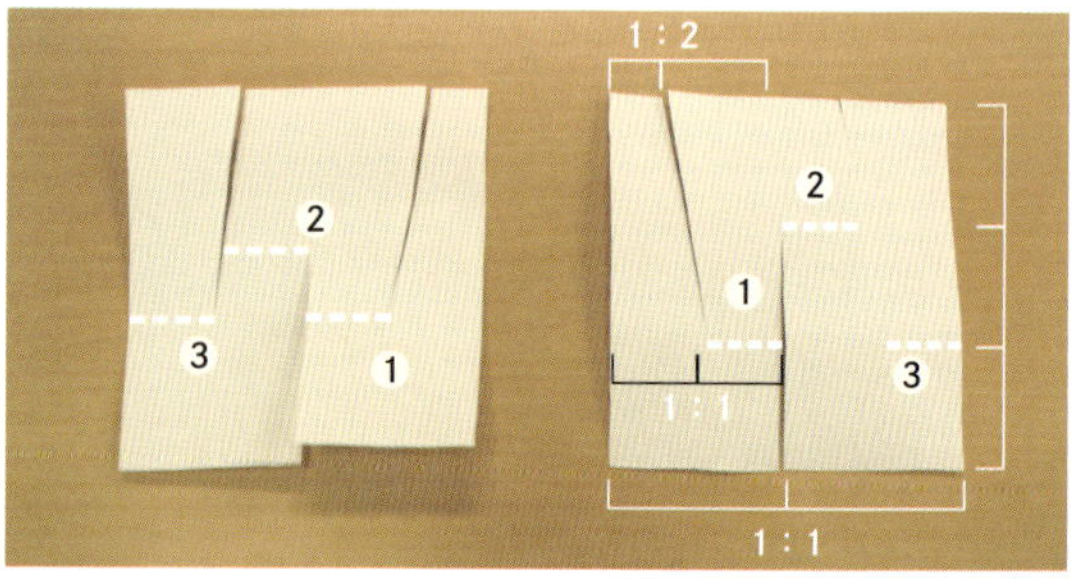

12 それぞれに3カ所ずつ、ハサミで切り込みを入れる

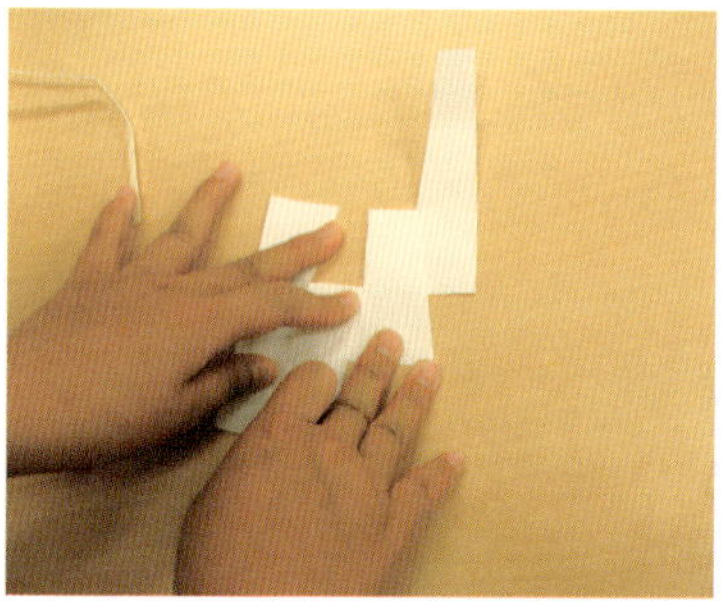

13 点線を①、②、③の順に、手前に折りながらそれぞれ広げる

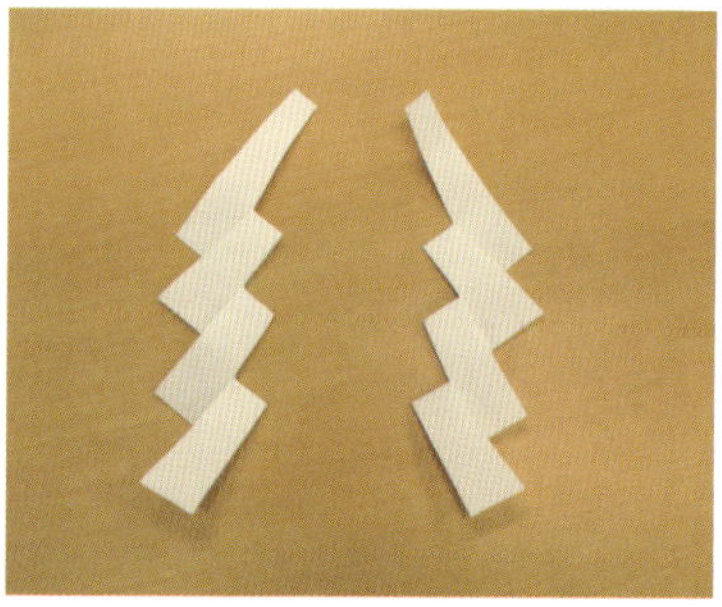

14 左右の紙垂《しで》が完成したところ。重なっている部分を軽くのりづけすると、形が整う

飾りをつける

15 縄を重ねた部分に色のついた和紙を巻きつける

16 水引などをつけて飾り、最後はハサミで形を整える

全国各地の正月飾り

正月飾りの形は、地域によってさまざま。縁起のいい動物を表現したもの、作物の形をあしらったもの、縁起のいい形をあしらったものなど、地域によっていろんな形のものが生み出されてきた。

エビ形
（福島県など）

エビは曲がった腰と長いひげと威勢のよさから長寿の象徴。本物の伊勢海老を飾ることもあるが、これはワラでエビを表現したもの

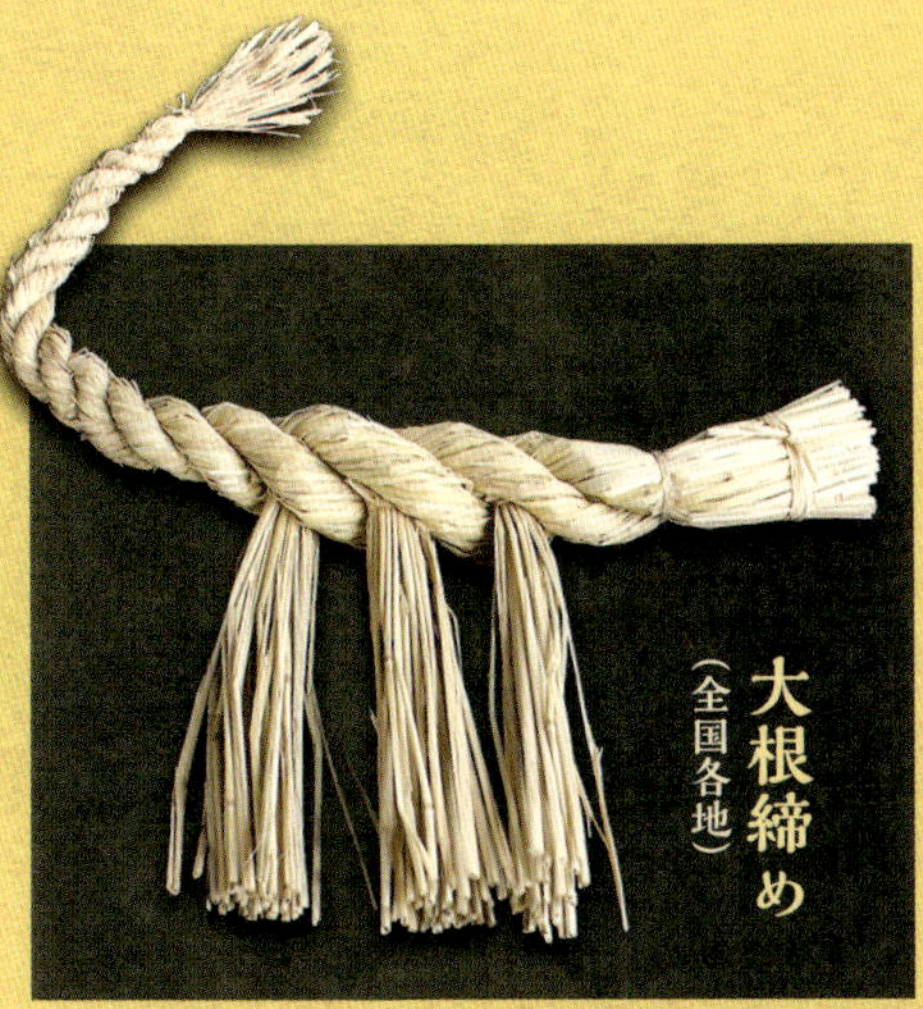
大根締め
（全国各地）

大根のように片方がだんだん細くなっていく形。同じような形でやや細めのものを「ごぼう締め」という

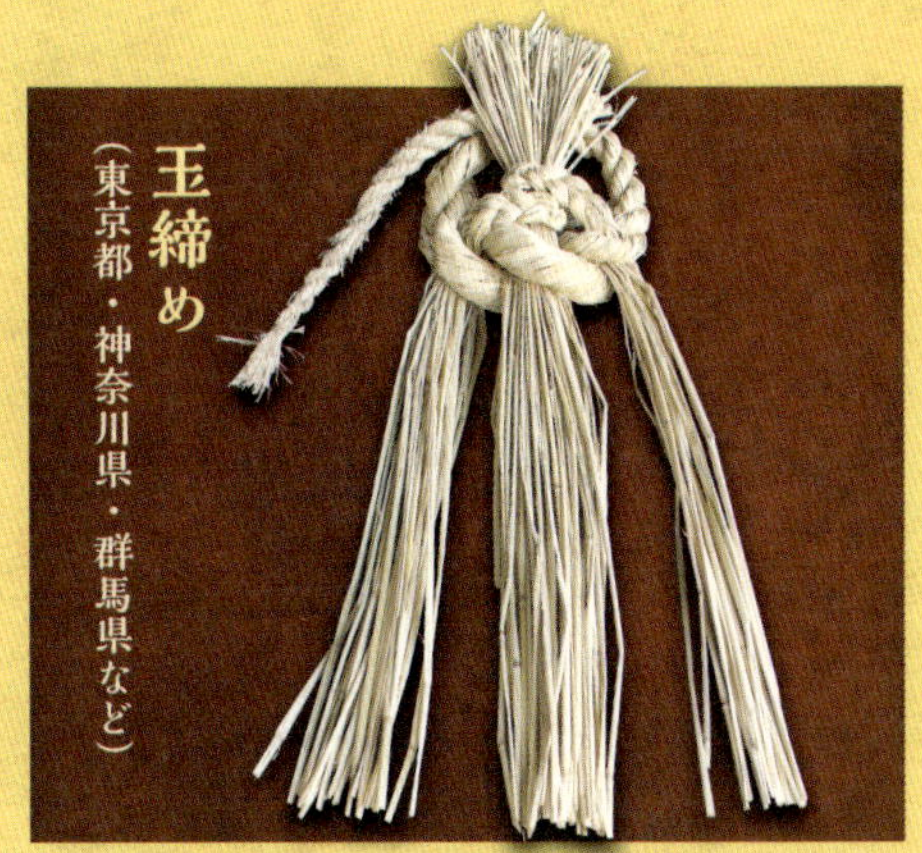
玉締め
（東京都・神奈川県・群馬県など）

関西でもこれにウラジロやダイダイでなどをつけて飾ったが、関東ではさらに昆布や伊勢海老、水引や末広という小さな扇のようなものまでつけて、豪華に飾った

宝珠《ほうしゅ》形
（宮城県気仙沼など）

願いをかなえてくれるという不思議な玉「宝珠」の形をあしらったもの。気仙沼では、紙に書いた宝珠を神棚に飾る風習もある

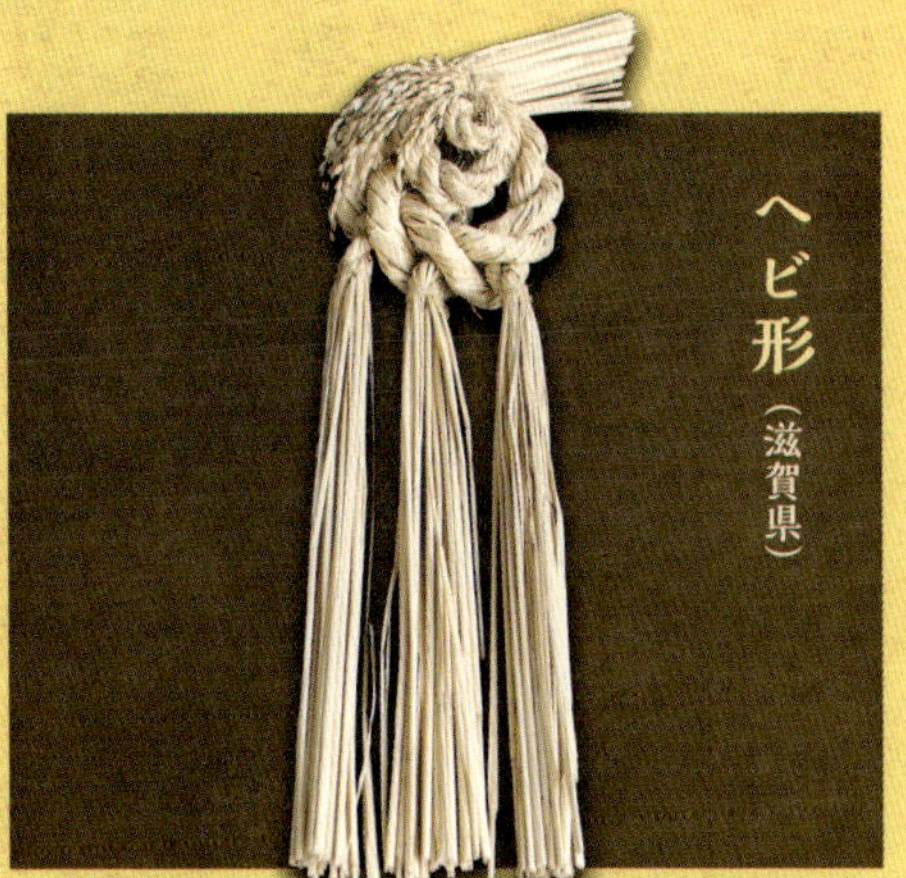
ヘビ形
（滋賀県）

脱皮することから連想される「再生」や長い間エサを食べなくても生きていける生命力から、神の使いとしてヘビを崇拝する風習があり、縁起のいいものとされた

パート 3
中級編

馬飾り
一輪ざし
みごぼうき
桟俵《さんだわら》（流しびな）
釜敷き
円座

ワラが手になじんできたら、もう少し難易度の高いものに挑戦してみましょう。編みや組みが複雑だったり、縄ないが必要だったり、使うワラの量が多いものが登場しますが、上手くできると達成感もひとしお。途中のでき具合が、全体の見栄えや使い勝手にかかわるものもありますので、ひとつひとつ丁寧につくりあげていきましょう。

馬飾り

1時間

農耕に運搬にと、馬は暮らしに欠かせない大切な仲間でした。馬を飼うための厩《うまや》が家の中にある地域もあり、馬はまさに家族。たっぷりの愛情と感謝をこめていっしょに暮らしていました。そのためかワラの馬を飾ったり、願をかけたりする風習が各地にあります。この「馬飾り」を応用していろいろな動物を工夫し、ワラ細工の動物園をつくってみるのも楽しそう！

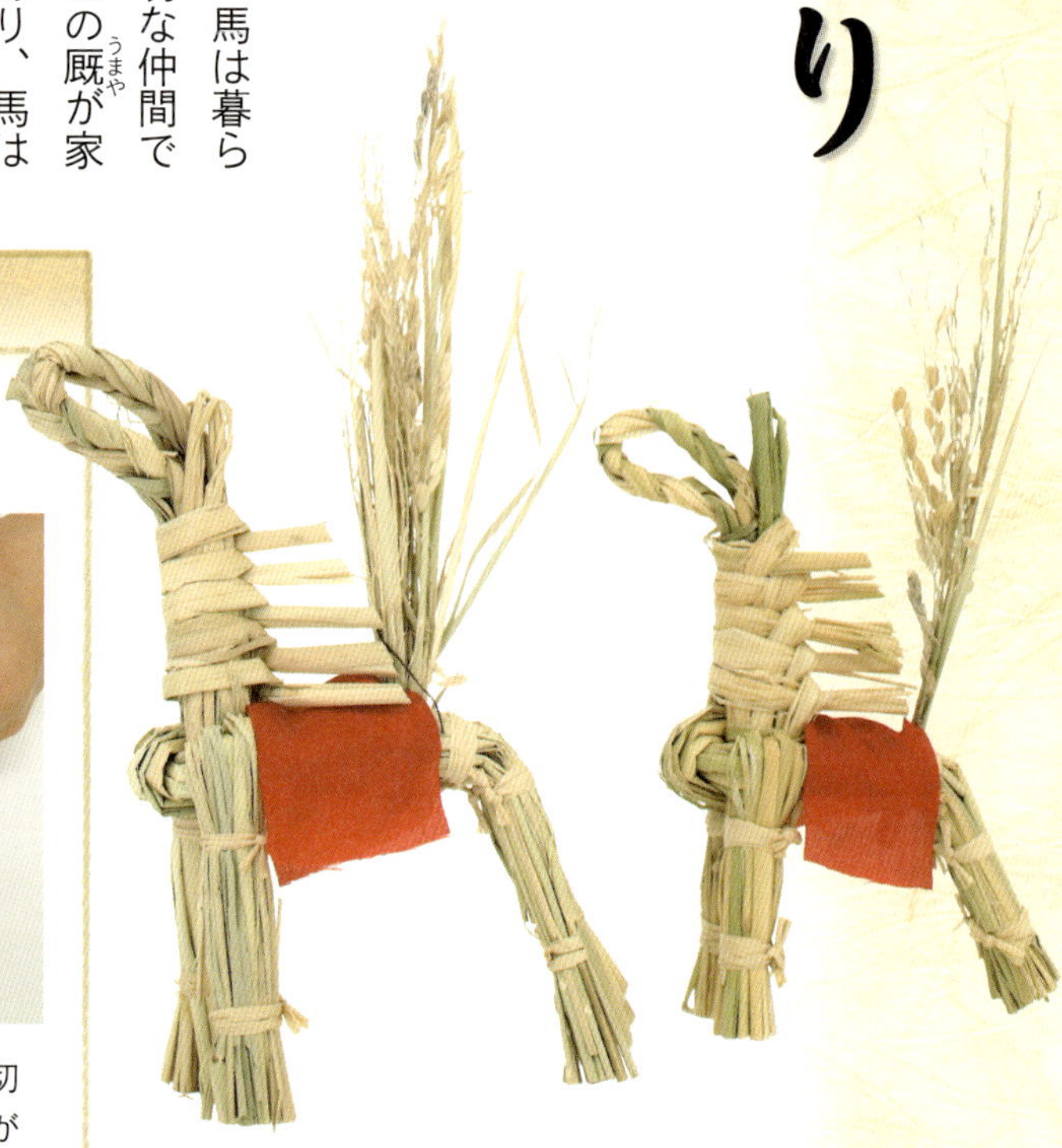

準備するもの

材料

- ワラ……22本
- ラフィア……100cm
- 麻ヒモ……30cm
- 針金……25cm
- 端切れ布……少々

道具

- ビニタイ……適量
- ハサミ
- ペンチ
- 霧吹き

制作に入る前に

・ワラを下処理しておく（ミゴ抜きは不要）。

制作のポイント

- 背中に布の端切れをかけると、さらに表情が出る。
- 子馬をつくるときは、頭を小さめに折り、脚を短く切る。

つくり方

ワラを切る

1 4～5本のワラを選び出して穂先を15cm程度切り、切った穂先をビニタイで結んでおく。これがしっぽになる

2 1で穂先を切ったワラを含めて、22本すべてのワラの根元と穂先を切り、55cmの長さにする

3 2のワラから脚用に6本、頭用に太めのものを3本、耳用に2本取り置く（残りは11本）

頭をつくる

4 頭用に取り置いたワラの根元から3分の1のところをビニタイでとめる

5

折りたたむようにしながら平べったい三つ編み◆を7cmほど編む

6

3cm

5を2つに折って馬の頭をつくる。3cmほどのところでビニタイでとめ、丸みをもたせるように曲げる

7

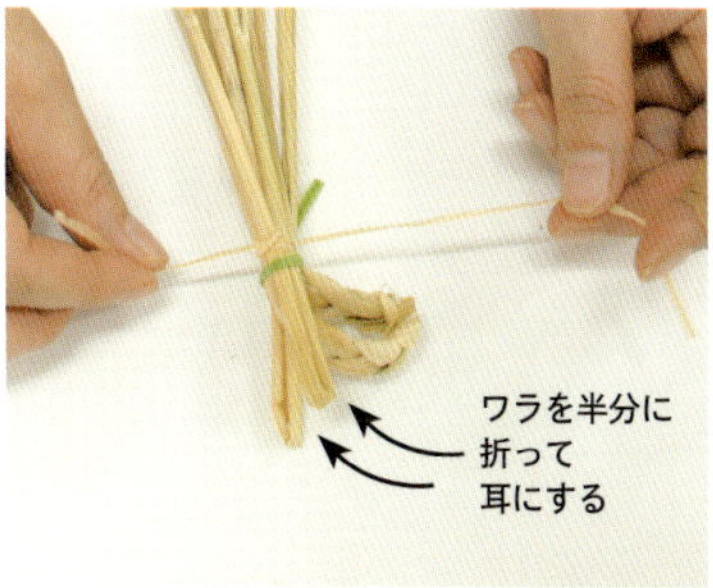
ワラを半分に
折って
耳にする

耳をつける。ワラを2本とってそれぞれ半分に折り、三つ編みの馬の顔の横につけ、首のところをラフィアでしばる

ワンポイント

耳をふっくらさせると、やわらかい表情が出る

たてがみをつける

8

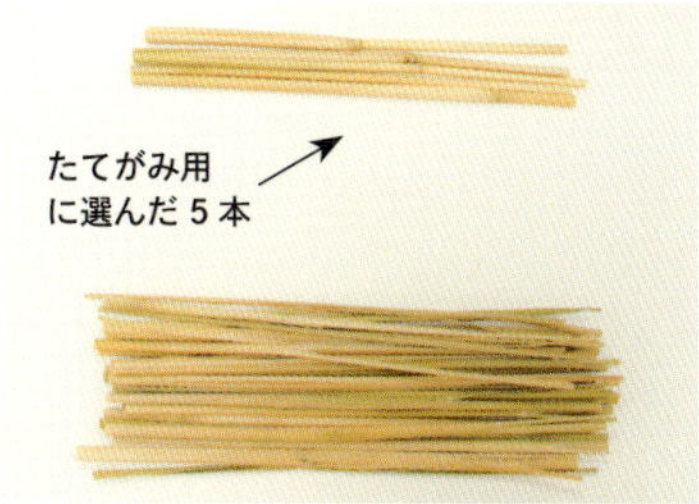
たてがみ用
に選んだ５本

3で残ったワラ11本を半分の長さに切る。この中から、たてがみ用に太いものを5本選ぶ

9

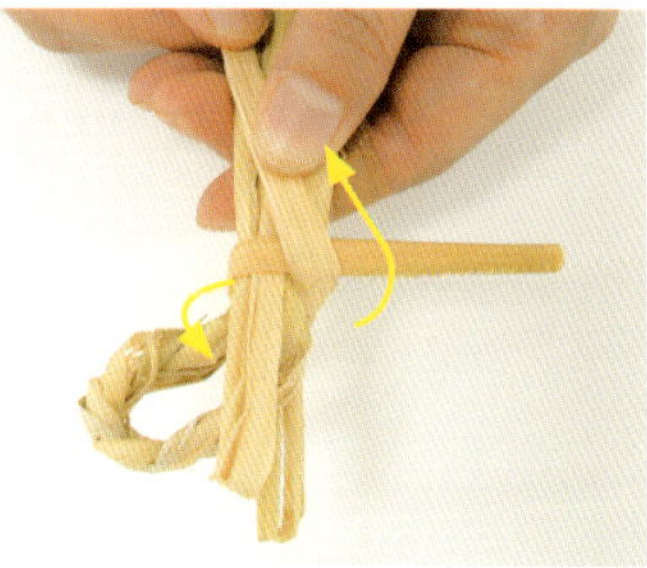

選んだ5本のワラを1本ずつ首に巻きつけていく

10

2本目
1本目

1本目の端を押さえるように2本目を巻きつける

11

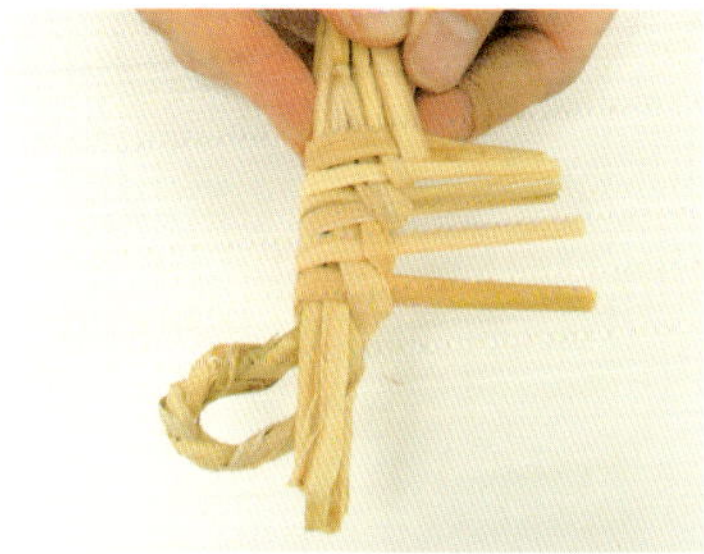

同じように5本すべてを巻く

12

巻き終えたら、たてがみのワラをビニタイで仮どめしておく

胴体と前脚《まえあし》をつくる

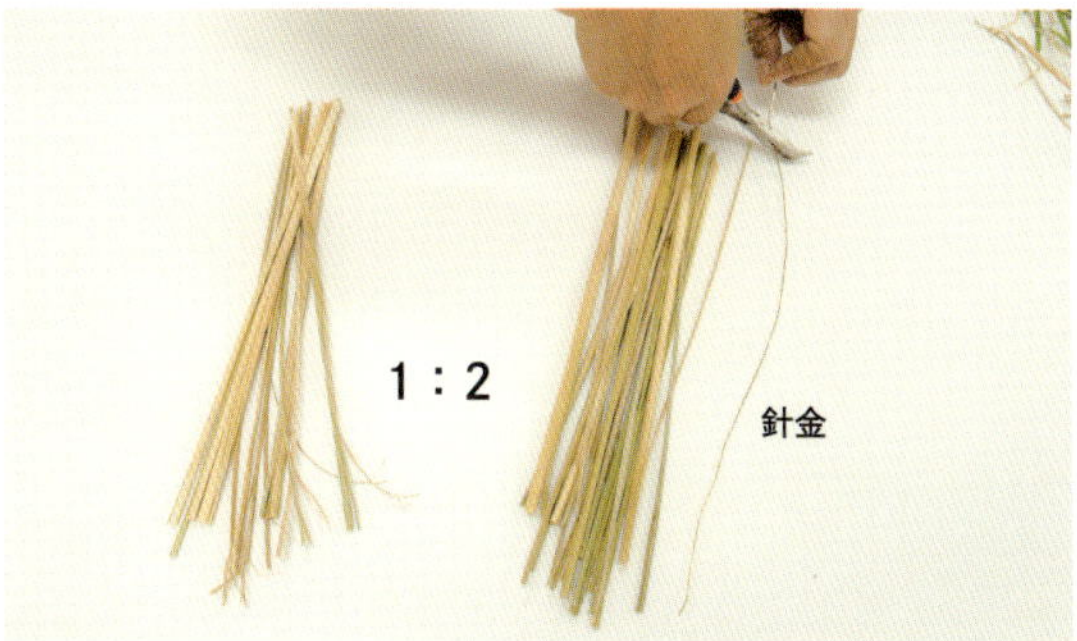
1：2
針金

13

8で切ったワラを、根元と穂先の上下を逆にし、太さがそろうようにして、2：1に分ける。同じ長さに針金を切り、多いほうの束に入れる

14

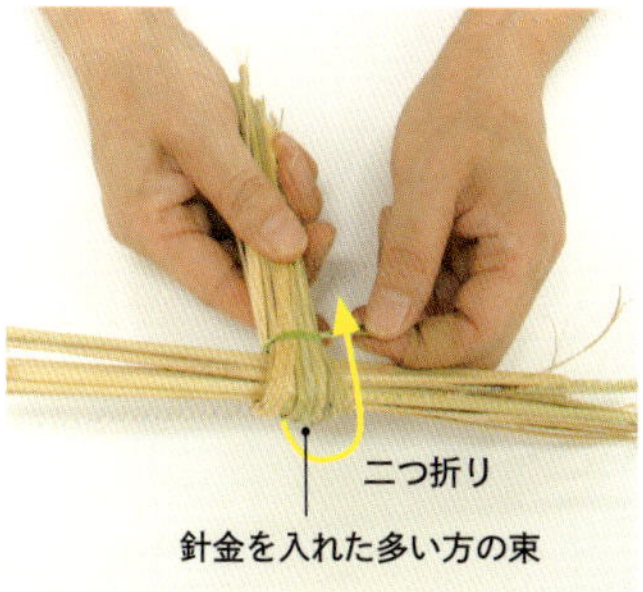
二つ折り
針金を入れた多い方の束

多いほうの束の上に、少ないほうの束を十文字に乗せ、多い束を二つ折りにしてビニタイでとめる。折ったところが馬の胸になるので、丸みを持たせて折る

◆編み方は巻末参照。

15 [12]でできた頭とたてがみを、正面からみて半分に割り、間に[14]の胴（太い方）を通して合体させる

16 [3]で取り置いた脚用の6本のワラを左右3本ずつ、[15]の頭とたてがみの横につける

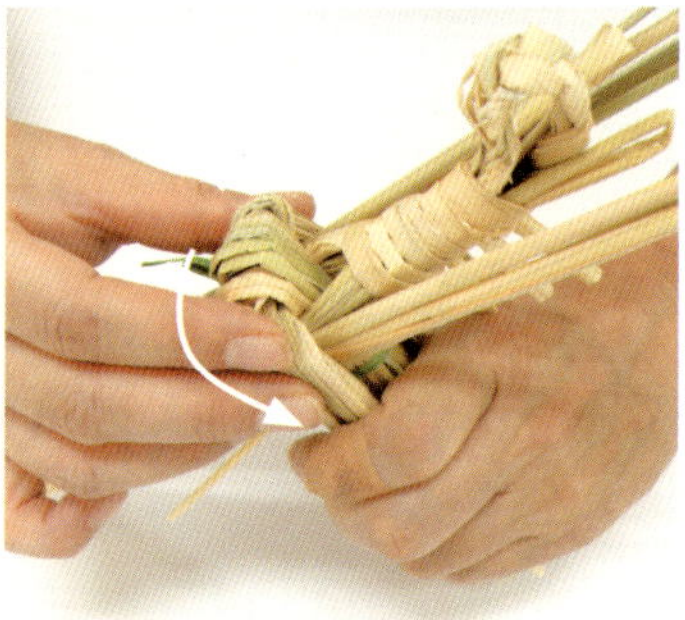

17 [14]の横に出ていた束で、[16]で足したワラをはさみ込むように折り曲げる（この部分が胴体になる）

18 胴体をビニタイで仮どめし、麻ヒモでしばって固定する

19 [16]で足した左右3本のワラを下に折って前脚《まえあし》をつくる。折り目は肩になる部分なので丸みを持たせる。折ったらビニタイで左右それぞれ2カ所を仮どめしておく

20 前脚の余分なワラを切り落とす

しっぽと後脚《あとあし》をつくる

21 胴体のうしろを2つに割り、[1]でつくった穂先のしっぽをさし込む

22 麻ヒモで巻き結び◆にし、胴体にしっぽを固定する

23 針金の入っている胴のワラを下に折り曲げて、左右の後脚をつくる。前脚と同様、2カ所をビニタイでとめておく

仕上げ

24 前脚と後脚をそれぞれ2カ所ずつ、ラフィアで巻き結び◆にし、脚の裏側で縦結び◆にして切る

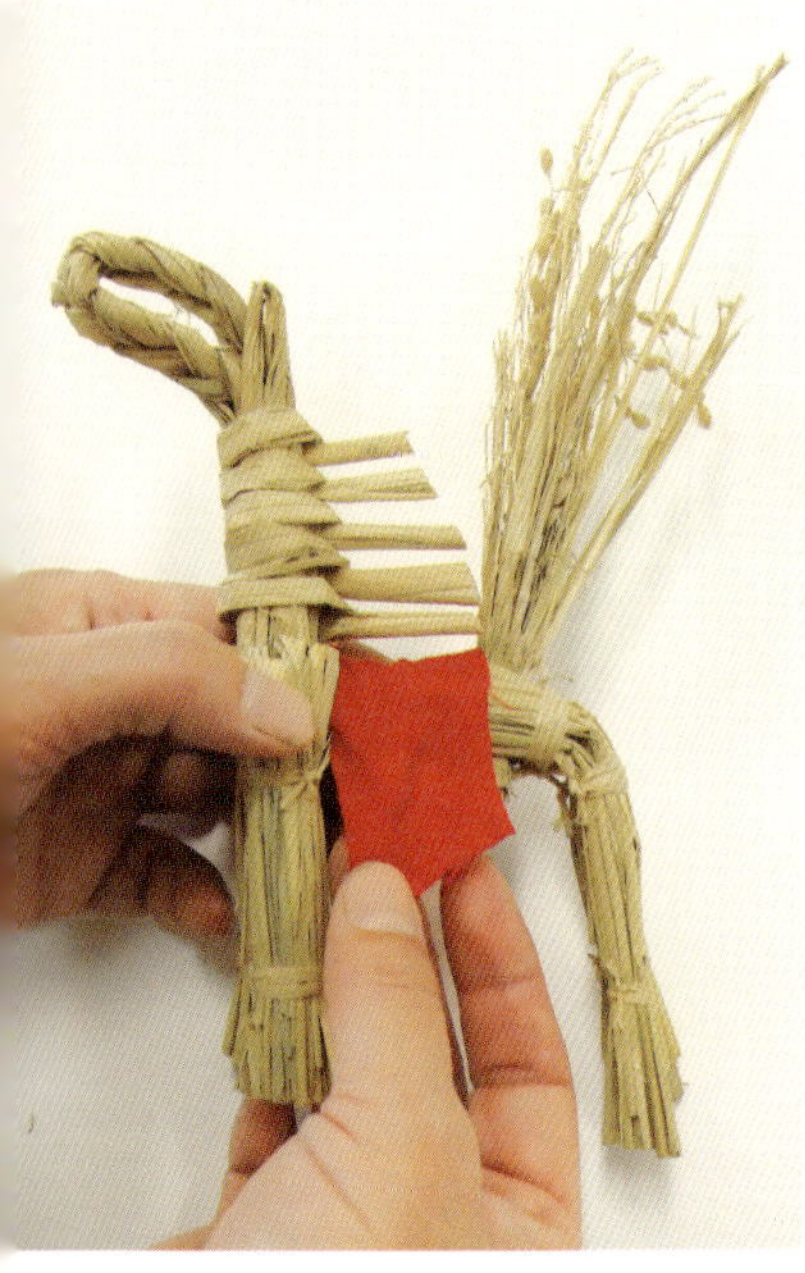

25 脚とたてがみをバランスよく切りそろえ、背中に布をかぶせてできあがり

一輪ざし

1時間

（市販品で代用可）

雪国には、冬のあいだ、庭の植木を雪や寒さから守る「ワラぼっち」という技術があります。この「一輪ざし」はその応用。胴を結ぶ細縄や、傘のような穂先に趣があります。洋花より日本の草花のほうが似合うように思えるのは、そのためでしょうか？　ワラの節がきれいに並ぶようにしたり、模様が浮かぶようにすれば、ますます味わい深く仕上がります。

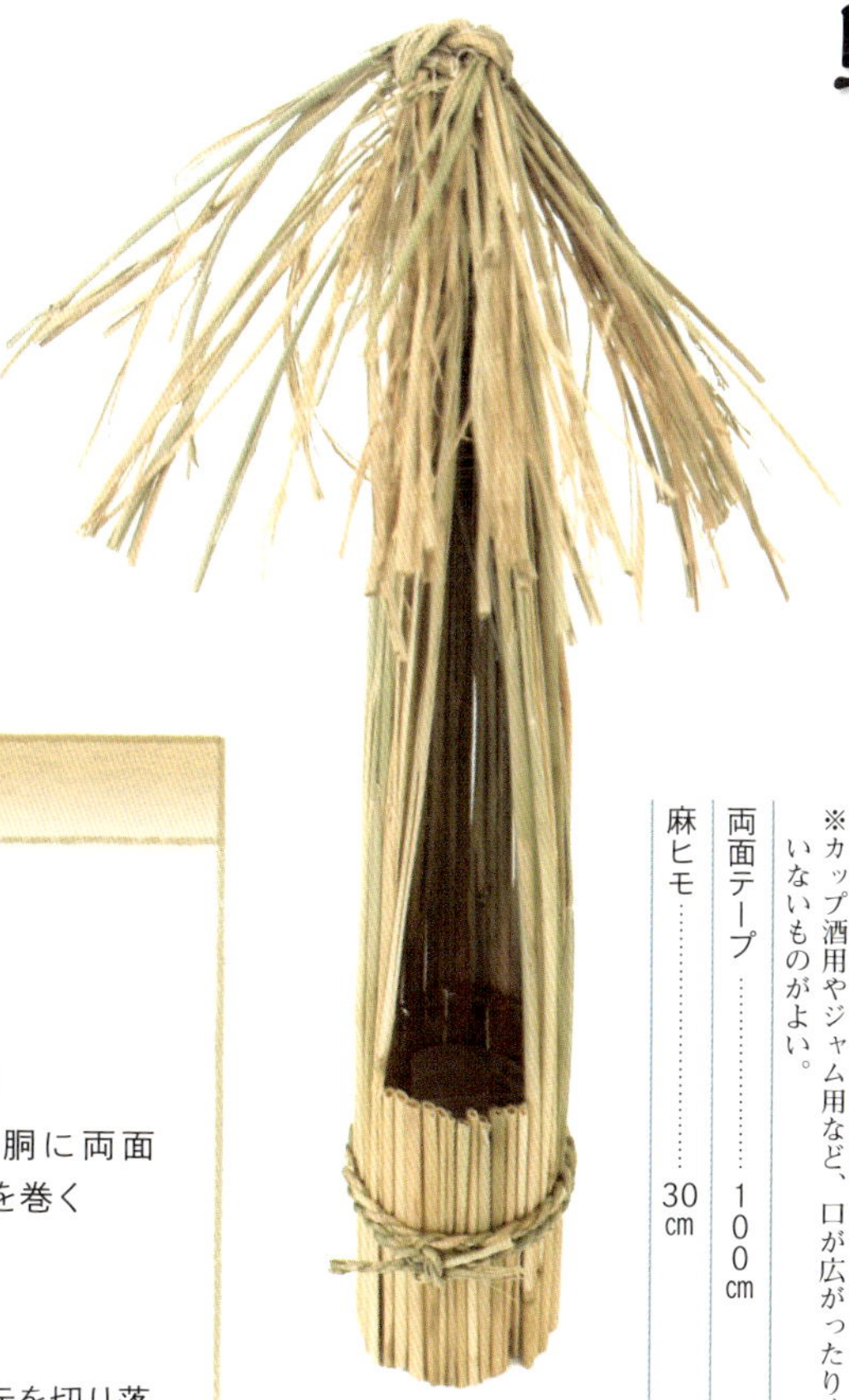

準備するもの

材料

- ワラ……60〜70本
- 細縄……60cm
  ※市販のものでもよい。自分でなうときは1本取り。
- ビン（直径5〜6cm）……1個
  ※カップ酒用やジャム用など、口が広がったりくびれていないものがよい。
- 両面テープ……100cm
- 麻ヒモ……30cm

道具

- 輪ゴム……1本
- 針金……約15cm
  ※ワラ束を編み目に通すのに使う。
- ハサミ
- 霧吹き

制作に入る前に

- ・ワラを下処理する（ハカマはよくすぐる。ワラたたき、ミゴ抜きは不要）。
- ・細縄を用意する。

制作のポイント

- ●ワラをそのまま見せる作品なので、太くまっすぐで汚れのないワラを選ぶ。
- ●穂先の束の数を多くしたほうが、傘のように広がってきれいに仕上がる。
- ●仕上げはあまり短く切らない。

つくり方

胴体をつくる

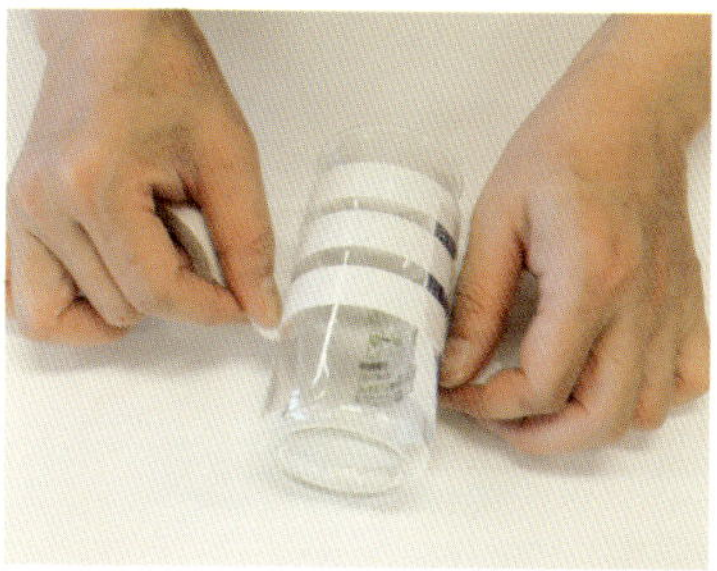

1

ビンの胴に両面テープを巻く

2

固い根元を切り落とし、ハカマをよくすぐったワラを用意。両面テープの保護テープをはがし、ワラをビンの周囲にすき間なく貼りつけていく。輪ゴムでとめておくと作業しやすい

ワンポイント

結び目が正面になるように結ぶと美しい

3

細縄をめぐらせ、ビンの胴の中央でしっかりと結ぶ。巻き結び◆したあと横一文字に真結び◆し、ビンの胴の中央で余りをカットする

◆結び方は巻末参照。

4 穂先を麻ヒモで軽く仮に束ねる

ビンの縁より
1cm上でカット

ワンポイント
細縄の結び目は窓の
真下にくるように
切ったワラを抜き
取っているところ

5 びんの縁の 1㎝上でワラを数本切り、穂先を抜き取って、花をさす窓をつくる

6 穂先を麻ヒモでしっかりと巻き結びする

穂先を編む

2
1

7 穂先のワラを目分量で 6 ～ 8 等分に分ける。（右から時計まわりに①②…とする）2 束を両手にとり、下に折る

1
2

8 ①を②の左側に追い越すように折る

3
1
2

9 ③を左手にとり、①を右手に持ちかえ、下方向に流す

2
3
1

10 次に②を立ち上げ、③を追い越すように左に折る

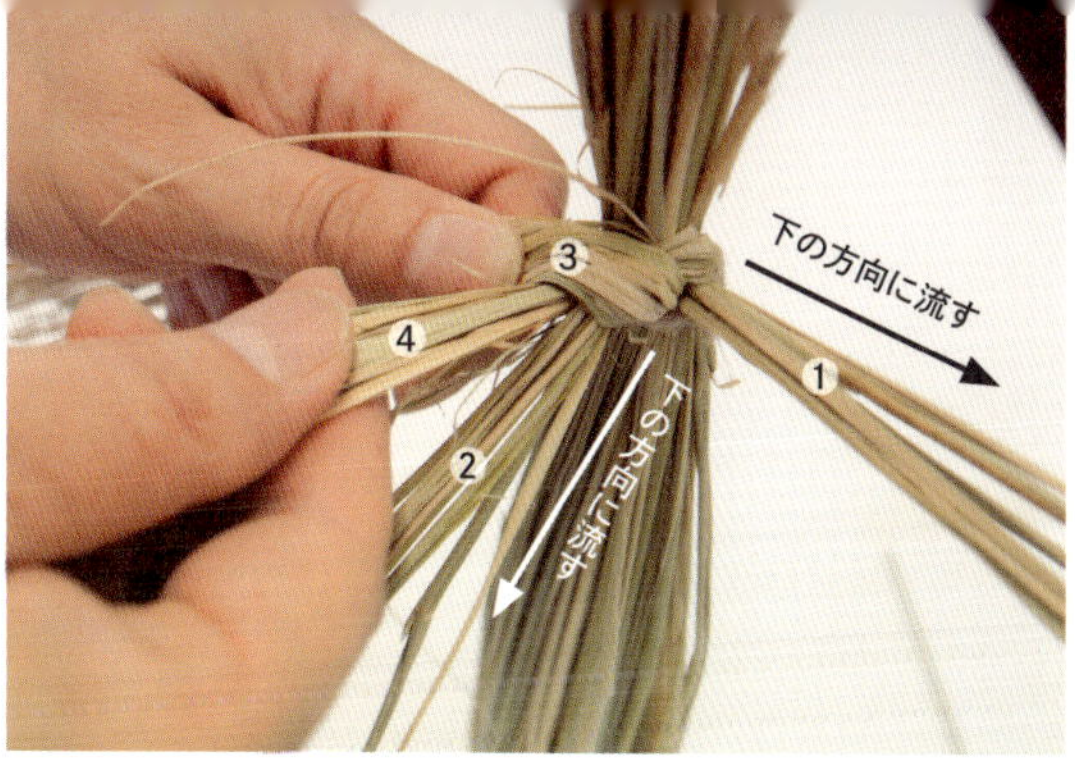

11 ③を立ち上げ、②は下方向に流して、④を追い越すように左に折る（写真は③を下方向に流し、④を立ちあげるところ）。以下、同様に編む

12 ときどき、ワラを引き締め、編み目を整える

13 最後の束を編んだところ

14 最初の編み目を少し浮かせる

15 ⑥を、最初の編み目に通す。針金を輪にした道具を使うと通しやすい

16 完成した編み目（上から見たところ）

仕上げ

ワンポイント

あまり短くカットすると素朴さがなくなるので注意

17 穂先を好みの長さで切り落とし、傘を広げたように形を整えて完成！

花をさしたところ

◆結び方は巻末参照。

みごぼうき

ワラに捨てるところなし。昔の暮らしの知恵は、本当に奥が深く豊かです。かたくしっかりしたミゴの細かく枝分かれした穂先は、手ぼうきの素材にぴったり。テーブルの上もすき間のほこりも、このほうきでサッとひと掃き、ちょちょいのちょい！ 用途に合わせて束の数や太さの違うセットをつくり、並べて吊り下げておくのも楽しいですね。

準備するもの

材料

ミゴ	80～200本
色糸	300～500cm
※素材は綿や麻がおすすめ。毛糸は引っ掛かるので避けたほうがベター。	
麻ヒモ	30cm
針金	25cm
端切れ布	少々

道具

ハサミ
霧吹き

制作に入る前に

・ミゴを霧吹きで湿らせておく。

つくり方

ほうき本体をつくる

1 ミゴの長さごとに7束用意する。②～⑦の6束は同じ本数、いちばん稈の長い①の束は、ほかより2割ほど本数を多くする（ここでは②～⑦は各25本、①は30本にしてある）

2 ①の束を手にとる。枝分かれした穂先の境目に1本目の色糸を2回巻きつけ、色糸を引き締めながら強くねじる

制作のポイント

- ミゴ1束の本数は最低10本ぐらい。つくりたいほうきの大きさに合わせて本数を決める（今回は25本を6束と30本を1束使用）。
- ミゴの稈《かん》の長さはまちまち。稈の長さでミゴを仕分けし、ほぼ同じ長さのものを束にする。
- ミゴが抜けないよう、色糸はしっかり強くねじってミゴの束をまとめ、強度と美しさを出す。最後の持ち手以外は結び目がない。
- 持ち手の色糸の色を変えても楽しい。

3

①の束を半分に割り、ねじった色糸をそのあいだに通して反対側に出す

4

束を再びまとめ、色糸を強く引っ張りながら締める

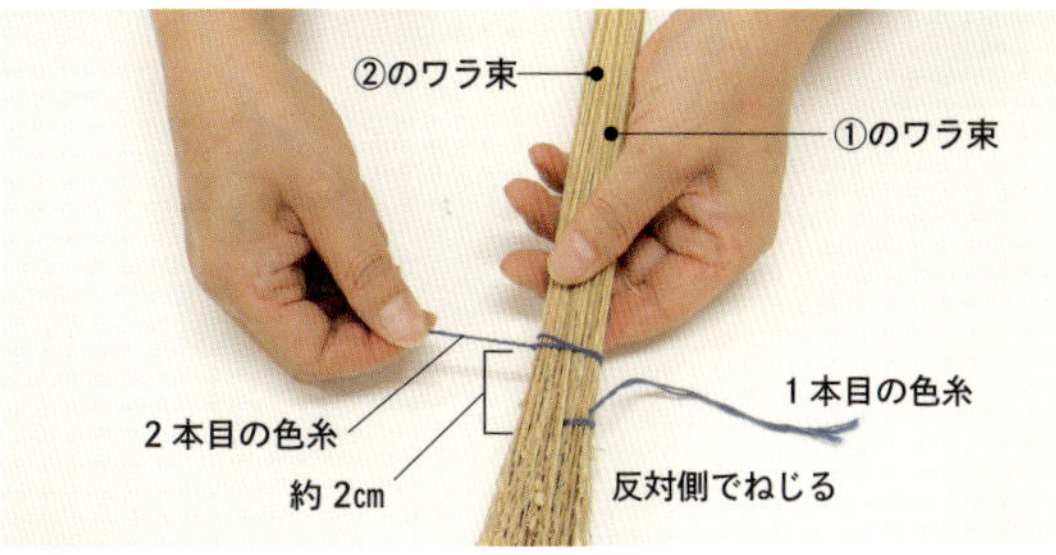
②のワラ束
①のワラ束
2本目の色糸
約 2㎝
1本目の色糸
反対側でねじる

5

②の束をとり、穂先との境目を最初の束の 2㎝ほど上方向にずらして合わせる。2本目の色糸で 2 回巻いて、1本目の色糸とは反対側で強く引き締めながらねじる

6

①②を合わせた束を 2 つに割り、ねじった色糸をそのあいだに通して反対側に出す

7

通した色糸を強く引っ張りながら締める

8

6で割った同じ場所で束を 2 つに割り、1本目の色糸を反対側に通す

みごぼうきの色糸の通し方

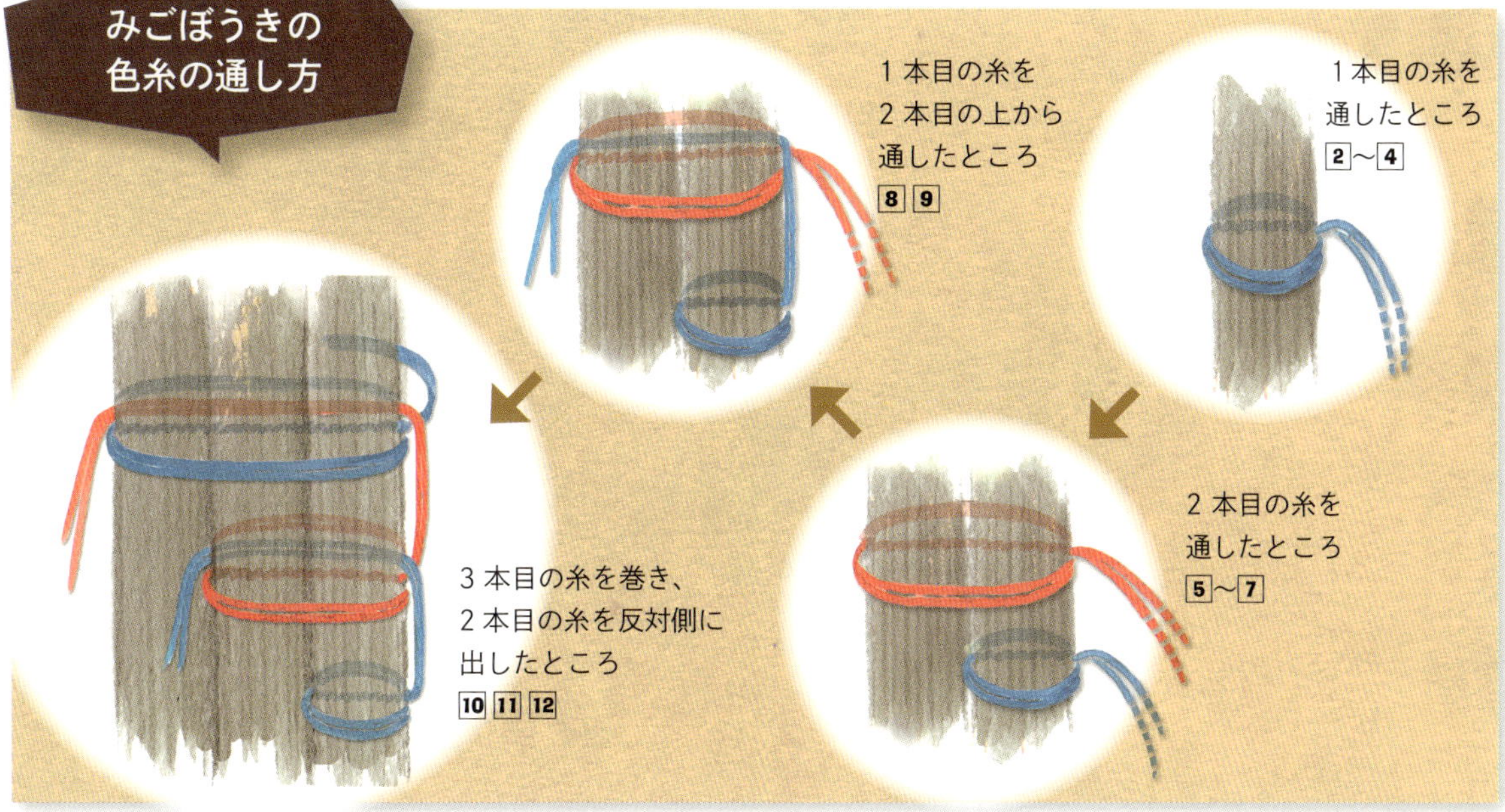
1本目の糸を通したところ
2～4
2本目の糸を通したところ
5～7
1本目の糸を2本目の上から通したところ
8 9
3本目の糸を巻き、2本目の糸を反対側に出したところ
10 11 12

9 反対側に出した色糸を強く引っ張る

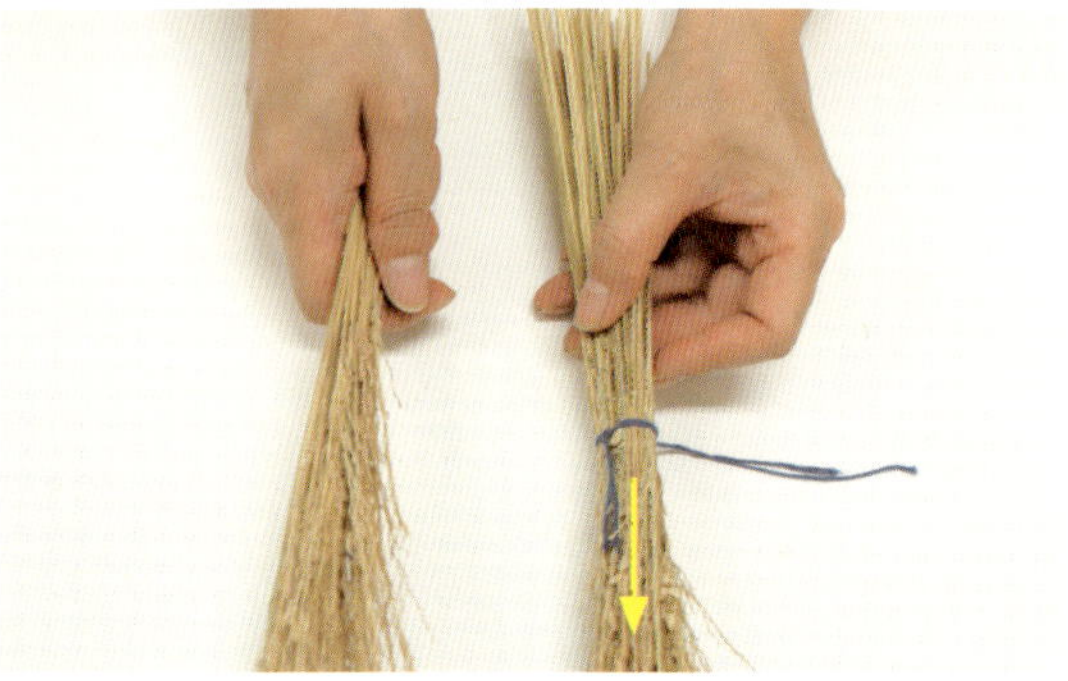

10 [9]で引き出した1本目の色糸の端は短く切り（3〜4㎝）、穂の方向に沿わせる。③の束をとり、穂のつけ根を2㎝ほど手前にずらして束ねる

11 [4]と同様に色糸で2回巻いて引き締めながらねじる

12 ねじった色糸を[6]と同様に、反対側に通す

ワンポイント
糸が交差して締める位置がまっすぐにそろうときれい

13 [8]と同様に、2本目の色糸を3本目の色糸の反対側に通したところ。ここで2本目の糸と3本目の糸を同時に強く引っ張ると束がよく締まる

14 同様に束ねていき、最後の束の色糸を反対側に出したところ

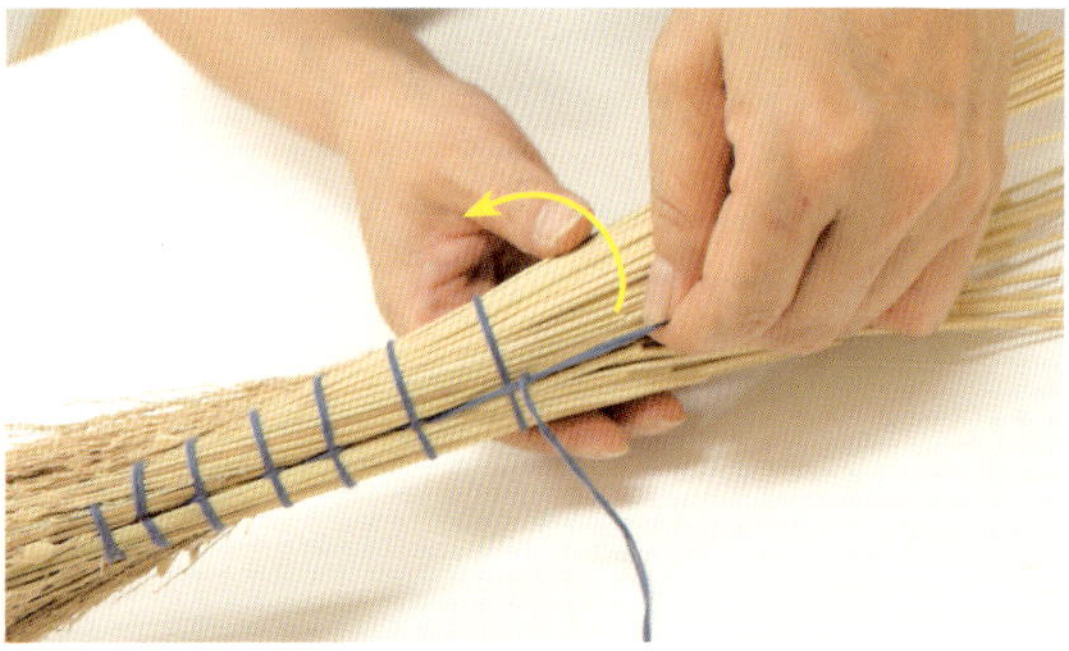

15 6本目の色糸を7本目の色糸の反対側に通す

16 6本目と7本目の色糸を同時に強く引っ張って、束を締める。ここまでくると、自然に反ったような形になってくる。反ってこない場合はここで外側にUの字に軽く曲げて、緩やかな曲線をつくるとよい

17 糸の端は、持ち手側の束の中に入れ込む

持ち手をつくる

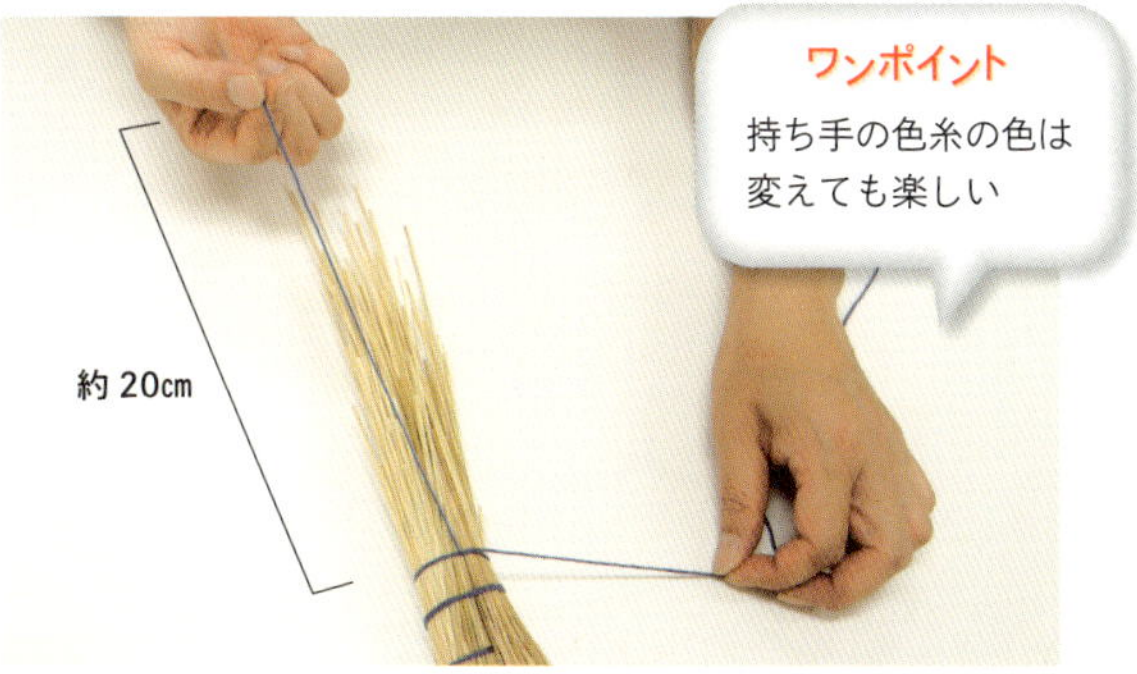
約 20cm
ワンポイント
持ち手の色糸の色は
変えても楽しい

18 長い色糸を用意。片方の端を 20cmほど残し、7 本目の色糸から 2 ～ 5cmほど離して巻き結び◆にする

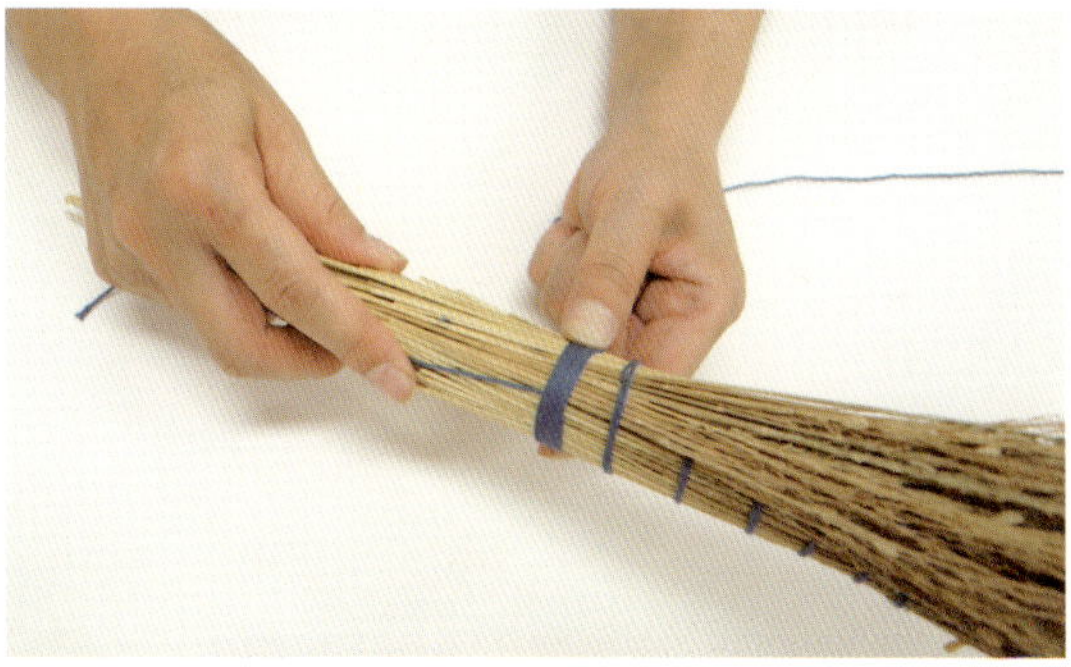

19 穂とは反対方向にすき間なく糸を巻いていく。このとき、端を残した糸も稈《かん》といっしょに巻きこむ

20 幅 3 ～ 5cm（好みでよい）ほど巻いたら、18で残した端と19で巻いた右の端をひとえ結び◆にする

21 さらに男結び◆にする

22 色糸の先端をくくり、吊り下げ部分をつくる

仕上げ

23 持ち手の上と穂先を切って形を整えて完成！

◆ 結び方は巻末参照。

桟《さん》俵《だわら》（流しびな）

30分

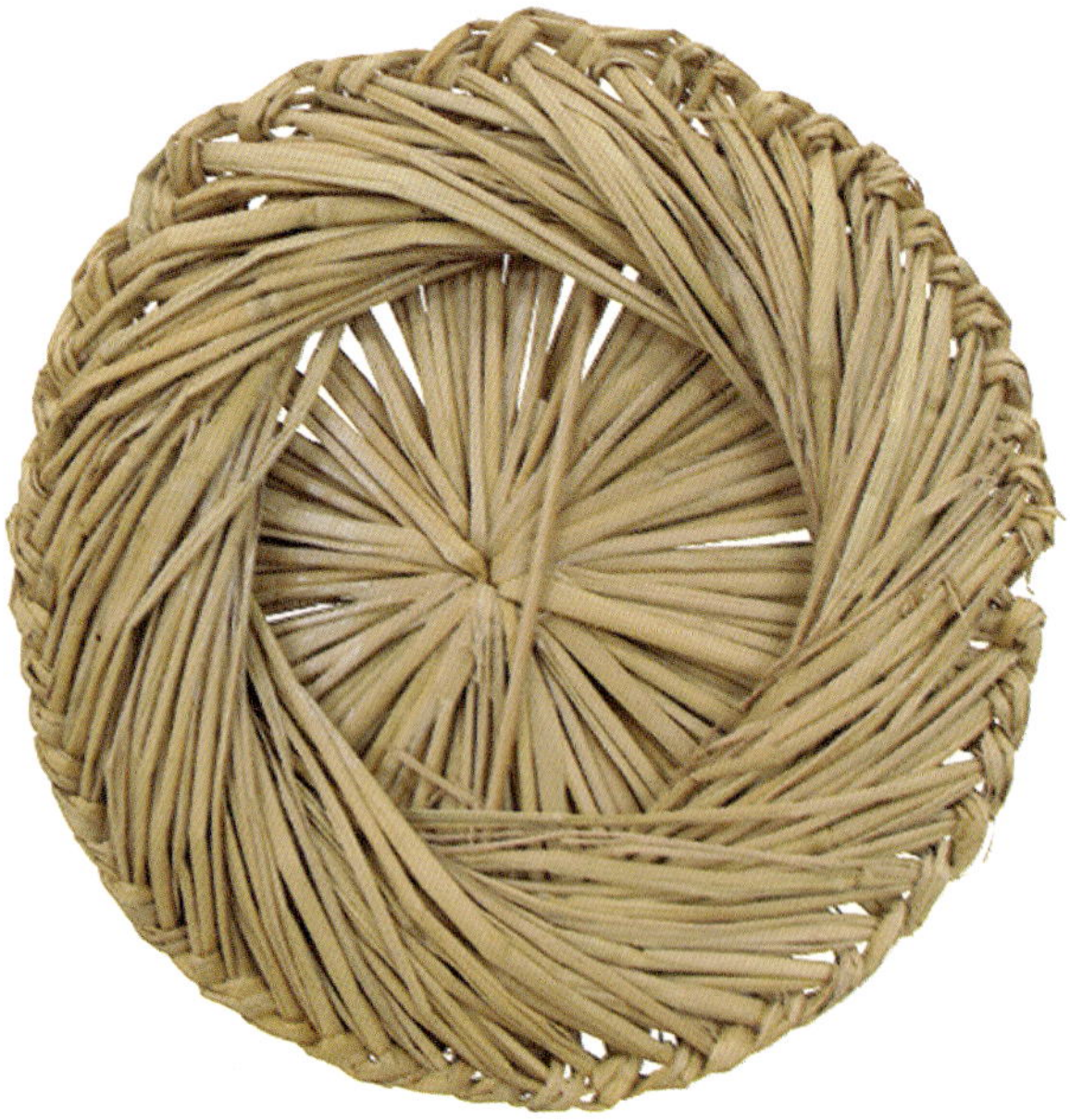

制作のポイント

- 編むときは手だけでなく足も使って、折り曲げたワラをおさえる。
- 「米俵」のふたとして使う場合には、ワラを70～80本に増やす。
- ひな人形の頭は紙粘土、着物には千代紙や祝儀袋などを使うとお手軽。

「桟俵」は、「米俵」（⇒70ページ）の両端にはめる〝ふた〟のこと。「流しびな」の台座としても使われます。「流しびな」は日本の古い伝統行事で、ひな祭りの原型。紙の人型や人形を水に流して災厄をはらい、子どもが無事に成長することを祈ります。みやびな行事ですね。

　きれいな台座の使い道は、アイデアしだい。リースの土台や手づくりのクラフトの額縁としても活躍しそう！

準備するもの

材料

ワラ……60本

麻ヒモ……約50㎝

道具

台紙

※厚紙でつくる。直径18・5㎝の円形から4分の1を切り取った形。

ハサミ

霧吹き

制作に入る前に

・ワラを下処理しておく（ワラたたきは不要）。

つくり方

1

ワラはたたかずに、根元と穂先を切り落とし50㎝に。余分なハカマをすぐり、麻ヒモで中央を巻き結び◆で結ぶ

2

ワラを立てて中央をしっかり握り、上半分を放射状に押し広げる

3 ひっくり返して反対側も放射状に押し広げる

4 中心を合わせて台紙を乗せ、足でおさえる

5 ワラは２本１組で編む。①と②を台紙に沿って折り上げ、①は②の外側を通って台紙の上に折り倒し、足でおさえる

6 次に③を折り上げ、その外側に②を通して台紙の上に折り倒し、足でおさえる

7 同様に④を折り上げ、③が④の外側を通って台紙に折り倒して足でおさえる。これを繰り返す。写真は④の外側に③を通し、下から①、②、③の順に重なったところ

8 以下は同じように編み進める。編んだワラは、中心に向けて角度をつけて重ねていく。写真は⑥まで編んだところ

9 半分くらい編んだら台紙を回し、さらに編み進める

10 ㊿まで編み終わったら台紙を取り出す。広げてできたすきまを詰め、円形に整える

◆ 結び方は巻末参照。

11 編み終えたところ。(59)は(60)の外側を通して折り倒しておく。左手のワラは(60)

12 (60)を編み始めの②の輪に下から通し、折り倒した①といっしょにさし込む

ワンポイント
段ボールの底を組み立てるイメージ

13 ワラの先端を渦巻き状に押し込みながら、形を整えていく

14 できあがり！ 「米俵」のふたとして使うときは、こちらが内側になる

ひな人形をつくる

材料
- 竹ぐし……………………………3本
  ※人形の軸用に2本、止め用に1本。
- 紙粘土（人形の頭）…………ブドウ粒大2つ分
- 紅白の色紙（9㎝×8㎝）…1枚
  ※千代紙などでもよい。
- 白い紙……………………………適量
  ※コピー用紙などでもよい。
- 金色の色紙（かんむり用）…適量

道具
- ハサミ
- カッターナイフ
- 接着剤
- 細筆
- 絵の具（黒・赤）

1 紙粘土を丸めて頭をつくり、竹串をさす。串の先端は少し出し、金紙を巻く。着物は色紙、袴《はかま》は白い紙でつくる。色紙は二つ折りにし、襟《えり》の部分を小さく三角に切り取る。袴と組み合わせる切れ込みも入れる

2 着物と袴を組み合わせて接着剤でとめる。着物の襟から頭を入れる

3 ひな人形を「桟俵《さんだわら》」に入れ、竹ぐしでおさえる

3
中級編

釜敷き

2時間

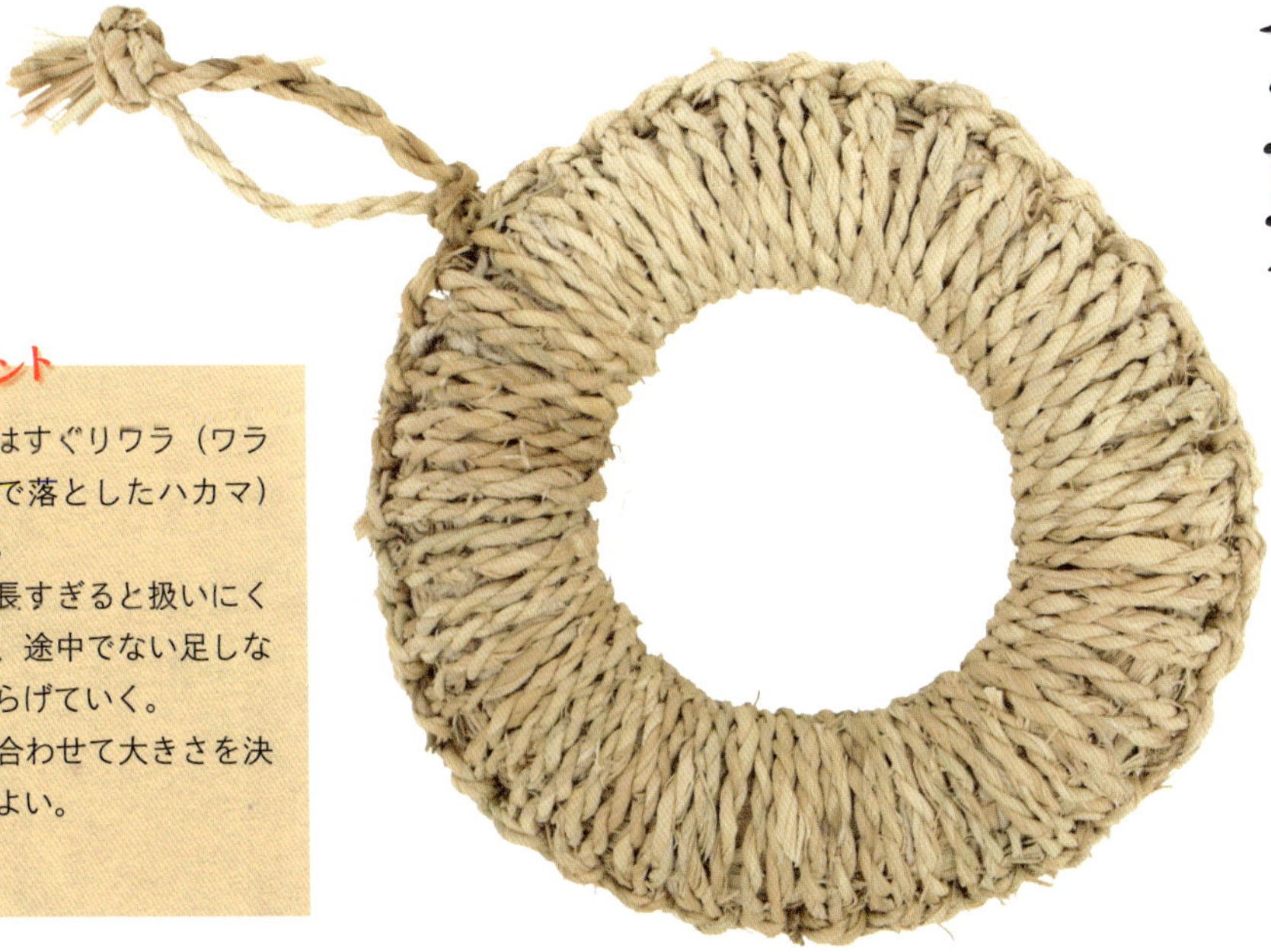

制作のポイント

- 芯輪にはすぐりワラ（ワラすぐりで落としたハカマ）を使う。
- 細縄は長すぎると扱いにくいので、途中でない足しながらからげていく。
- 用途に合わせて大きさを決めるとよい。

かまどにすっぽりはめこむ昔のお釜は、底が丸い形でした。アンパンマンに登場する「かまめしどん」も、底（あごのライン）が丸いですね。火力の効率のせいでしょうか。でも、底が丸いと、平らな場所に置くときに困ります。そこでこの「釜敷き」が活躍。現代の生活では、置物の台にも壁飾りにも、いろいろと幅広く使えそうです。

準備するもの

材料
- ワラ……………………約50本
- すぐりワラ（ハカマ）……適量
- 麻ヒモ……………200〜300cm

道具
- ハサミ
- 霧吹き

制作に入る前に

- ワラを下処理しておく。
- ハカマはワラすぐりの際に出るものを集めておくとよい。
- 細縄（からげ縄）をなっておく（2本取り）。

つくり方

芯輪をつくる

1 すぐりワラの方向をそろえながら輪の形にする

2 ワラを数本用意し、飛び出したすぐりワラをおさえるように、1本ずつワラを巻きつける。巻き始めは2周目で先端を巻き込んで芯輪におさめ、末端は継ぎ足しのワラの巻き始めでおさえ込む

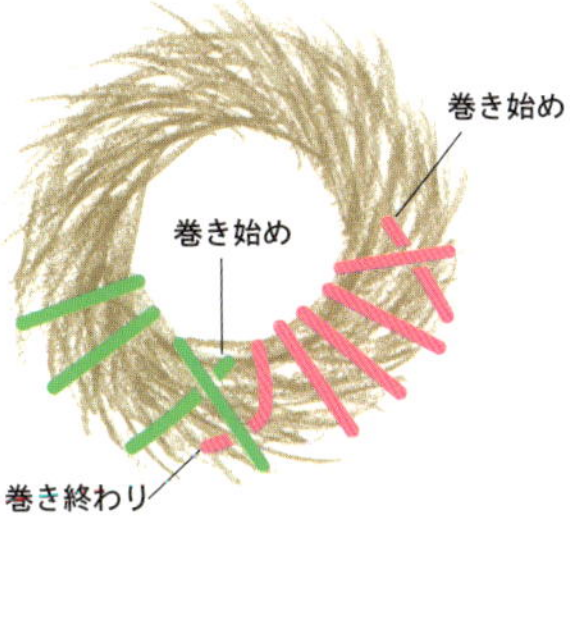

3 芯輪の束の太さは、しっかりにぎって直径 3cmを目安につくる。写真はワラを巻いて輪の形を整えたところ

4 麻ヒモの端を輪に結びつける

5 輪の形を整えながら、しっかりと麻ヒモを巻いていく

6 麻ヒモを巻きつけて 1 周したら、芯輪のできあがり。飛び出たワラは、ハサミで切って整える

細縄でからげる

7 あらかじめなっておいた細縄（からげ縄）を扱いやすいようにまとめる

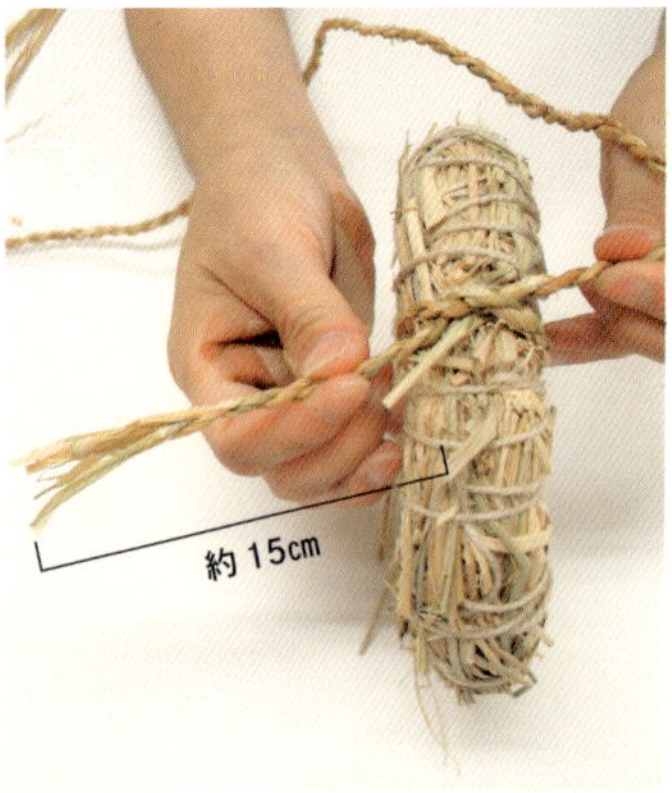

8 細縄の端を 15cmほど残し、芯輪にひとえ結び◆する

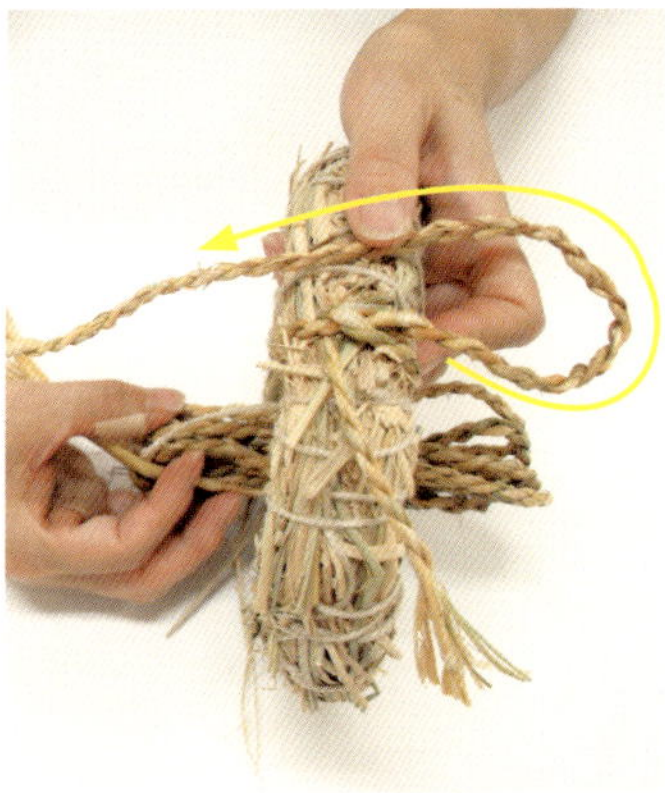

9 縄の長いほうで、こぶしが通るくらいの輪をつくる

10 まとめた縄を右側から左側へ芯輪にくぐらせ、[9]の輪に下から通す

※左右は製作者を基準にしています。

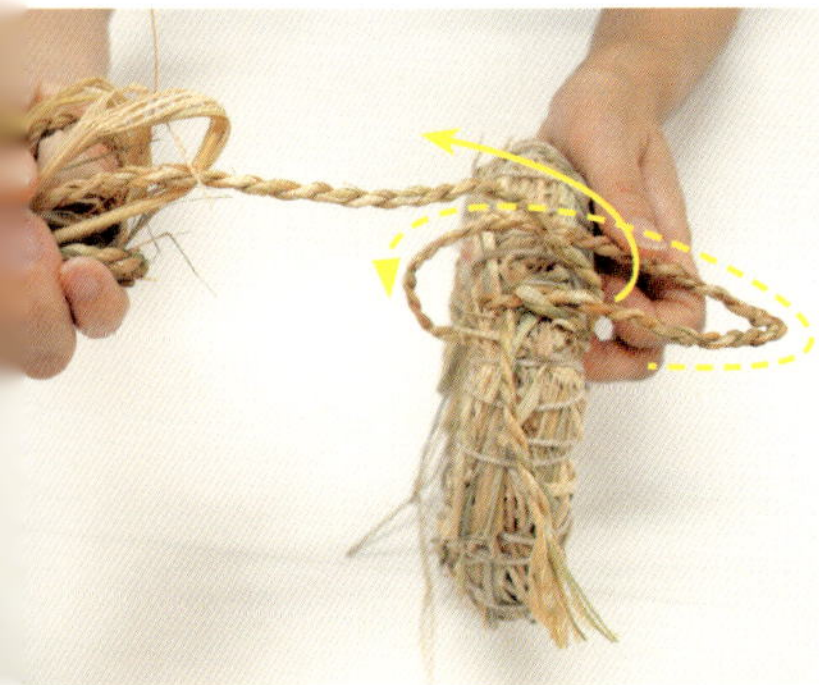

11 通した縄を引き、[9]の輪を引きしめる

12 芯輪の外周の中央に、からげた目がくるよう整える

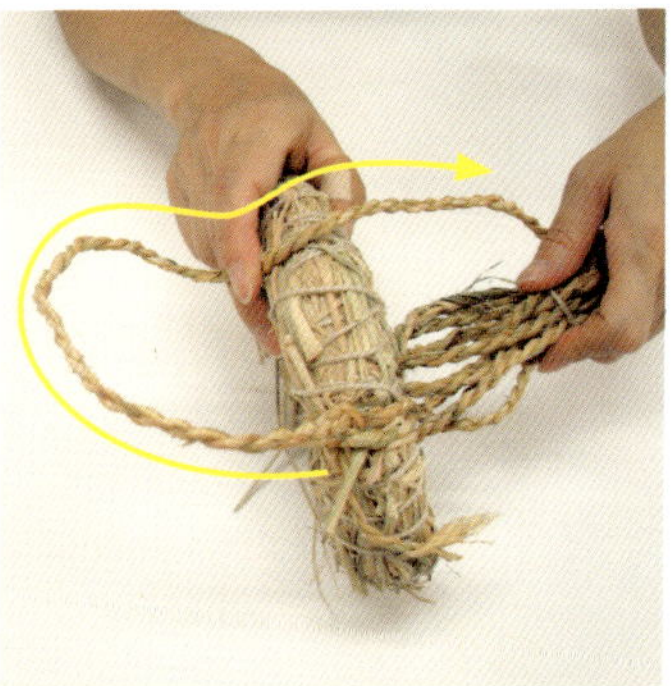

13 [9]とは反対側に縄で輪をつくる

14 [10]と同様にまとめた細縄を左側から右側へ芯輪にくぐらせ、[12]の輪に下から通す

15 輪を引き締め、最初の目にぴったり並ぶよう整える

16 [10]と同じように細縄を通し、からげる

17 左右交互に縄をからげていく

18 からげた目が一直線に並ぶ

細縄をない足す

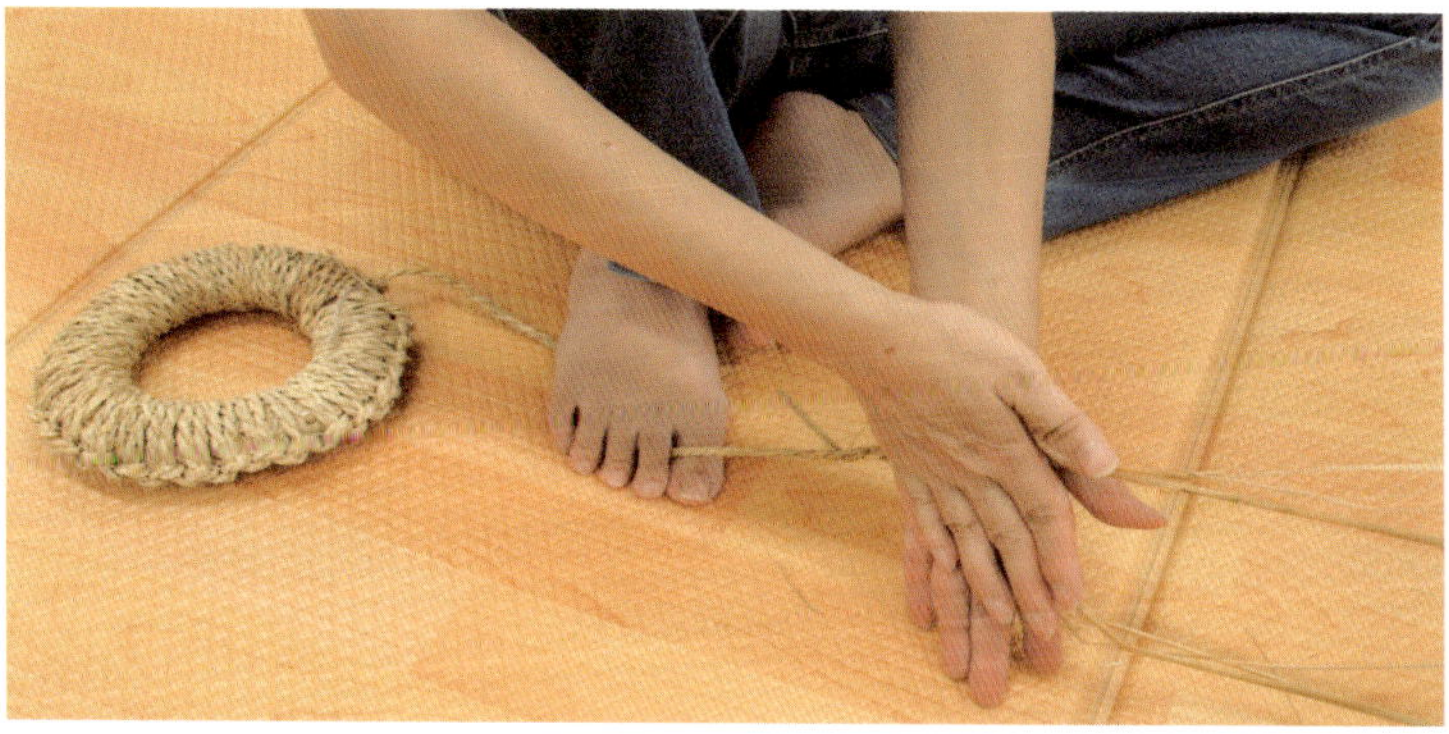

19 細縄が足りなくなったら、適宜ない足す

仕上げ

20 からげ終えたら、縄の両端を男結び◆にする

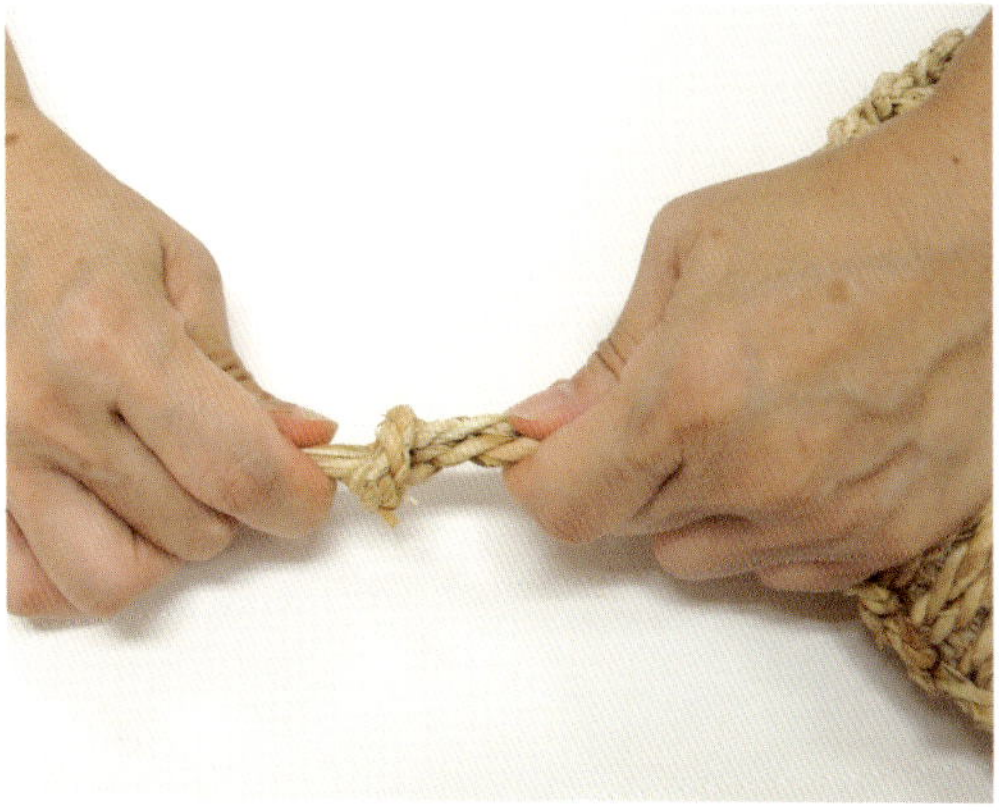

21 細縄の端を切りそろえ、先を結んで吊り下げ部分をつくって、できあがり！

からげ方の原理

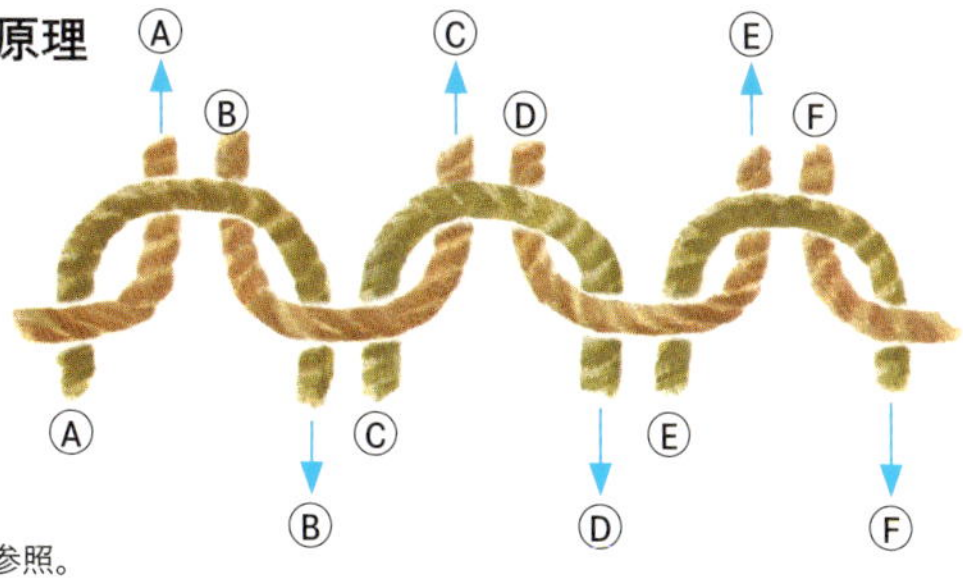

◆ 結び方は巻末参照。

3
中級編

円座

4時間

丸い一人用の敷物「円座」。イグサやスゲ、ガマなどの素材も使われ、ワラ製は「ワラ座」とも呼ぶようです。位の高いひとや、お坊さんが使ったとか。椅子の上でも使えるお手頃サイズをつくってみましょう。庭のベンチやウッドデッキなど、屋外のくつろぎタイムにも似合いそう！ サイズや素材をかえ、パン皿、コースターをつくってみるのもいいですね。

準備するもの

材料 ワラ（中太〜太め）……約400本

道具 クリップ ……1個

通し針

制作に入る前に

・ワラを下処理しておく。

・ワラは根元と穂先を10cmほど切り落とし、45cmくらいの長さにしておく。

・通し針をつくっておく。

制作のポイント

- 3周目からは同じ作業の繰り返し。コツさえのみ込めばあとは根気。
- 通し針をさすときは、ねじり目をうまく避けてワラを切断しないよう注意。
- 使うワラを長くすれば、より分厚い仕上がりになる。

つくり方

1周目を編む

1 1本目のワラをもち、根元から3分の1のところを小指の先に結んで小さな輪をつくり、余りを直線にそろえて重ねる

通し針の用意

針金製は材料が手に入りやすく加工しやすいが、使いやすいのは竹製のほう。竹を削り出してつくる。先端はとがらせ、後ろは端から4分の1くらいまで切り込みを入れる。

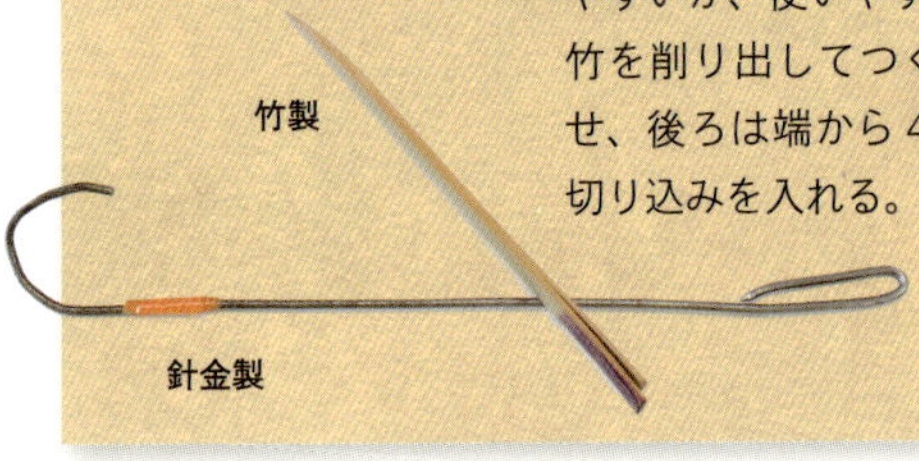

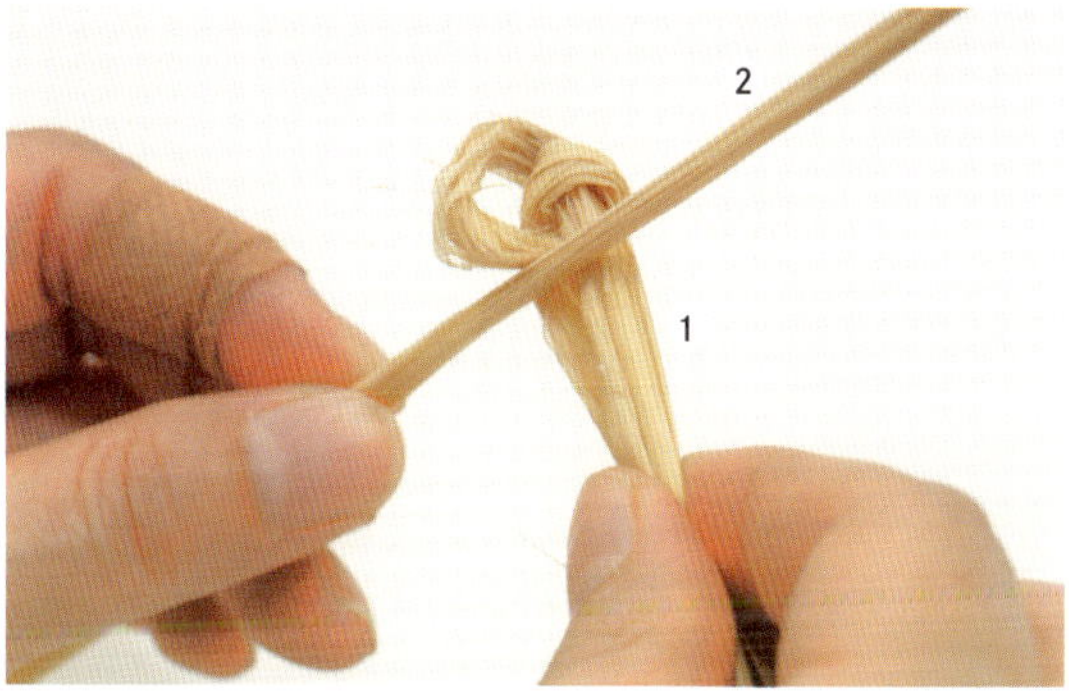

2 2本目のワラの根元から3分の1のところを、1本目のワラの輪と直線部の境にはさみ込む

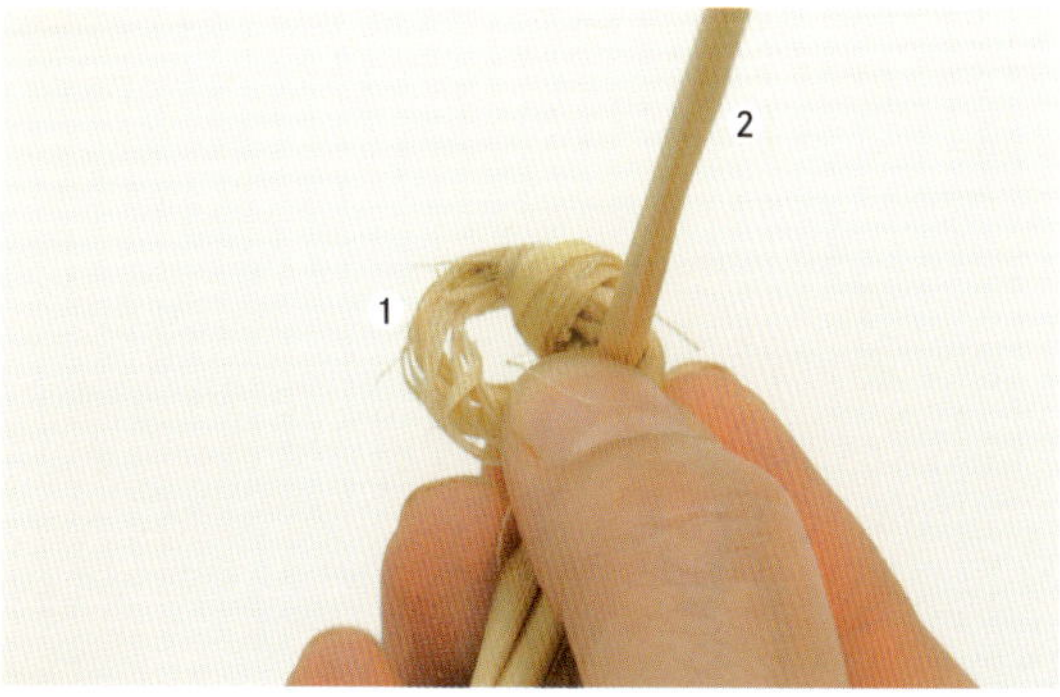

3 2本目のワラが落ちないよう、おさえて作業を続ける

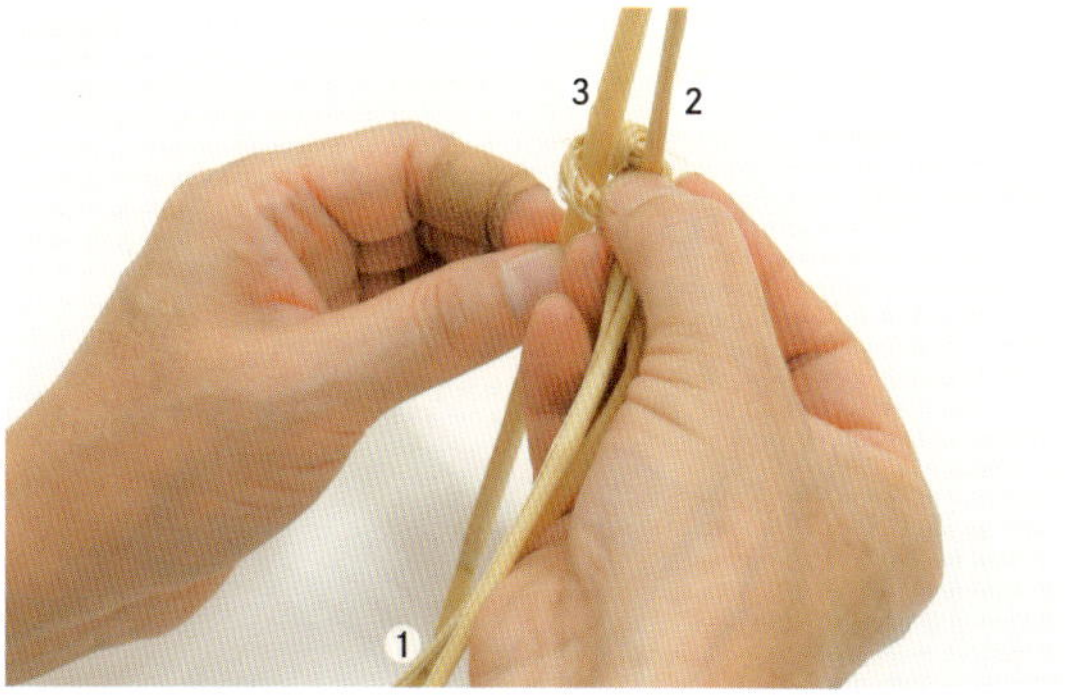

4 3本目のワラを輪の中に通す（上からでも下からでもどちらでもよい）

5 3本目のワラの根元から3分の1のところで、1本目のワラをはさみ込んで強くねじり、1本目のワラと重ねる

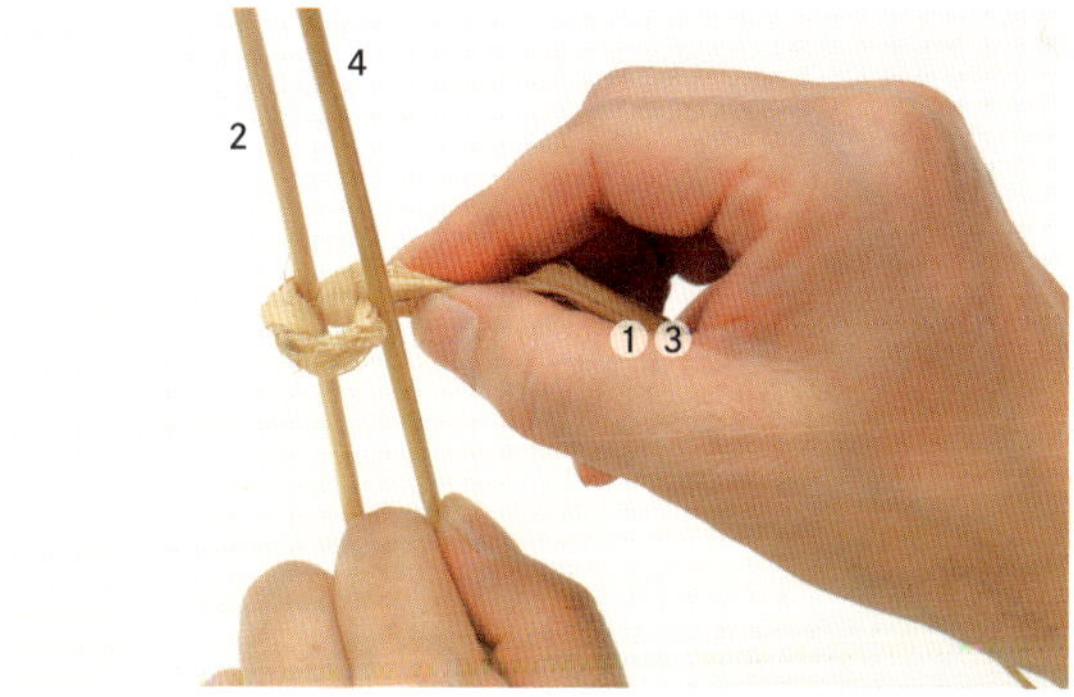

6 4本目のワラを、②と同じようにさし、はさんでおく

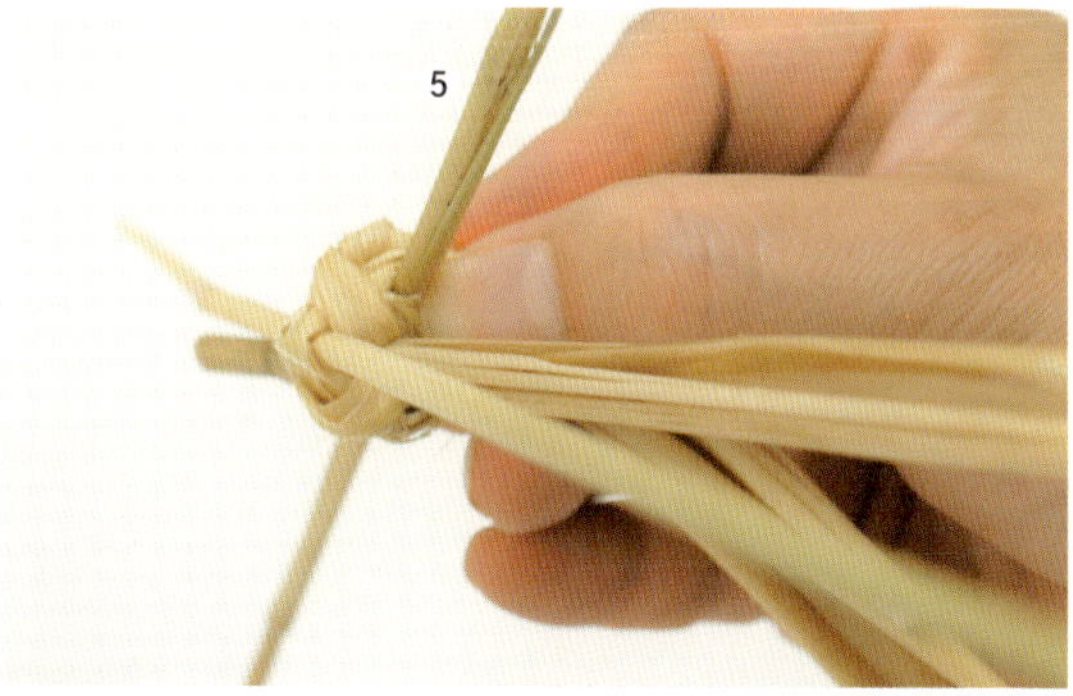

7 5本目のワラを、[4]と同じように輪の中に通す

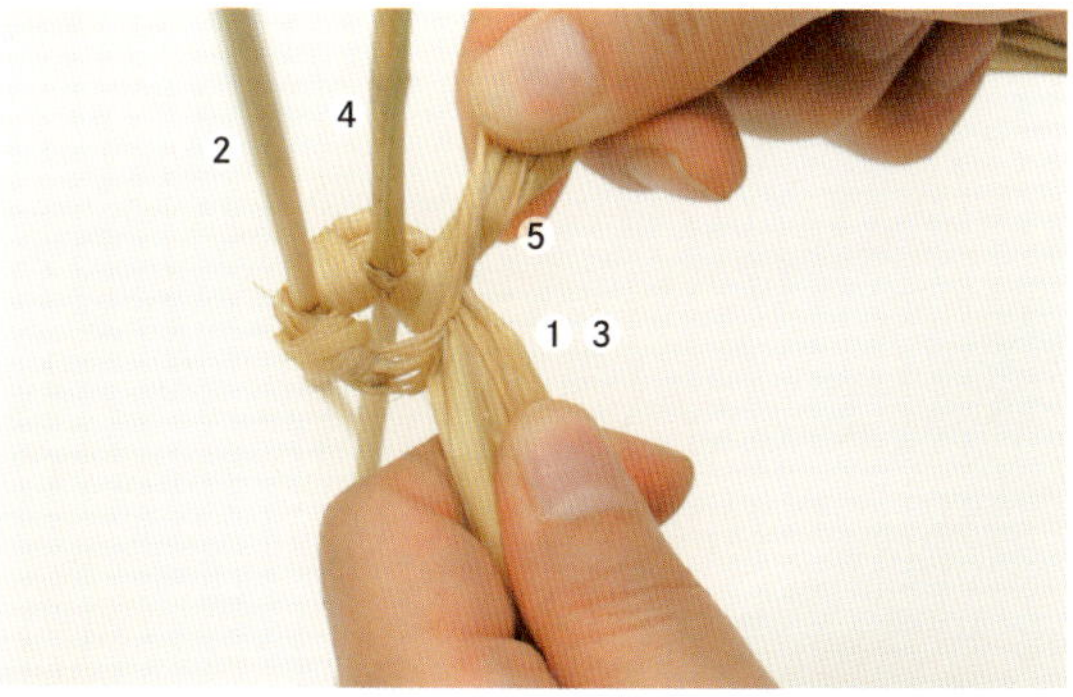

8 二つ折りにして強くねじり、1・3本目のワラに重ねる

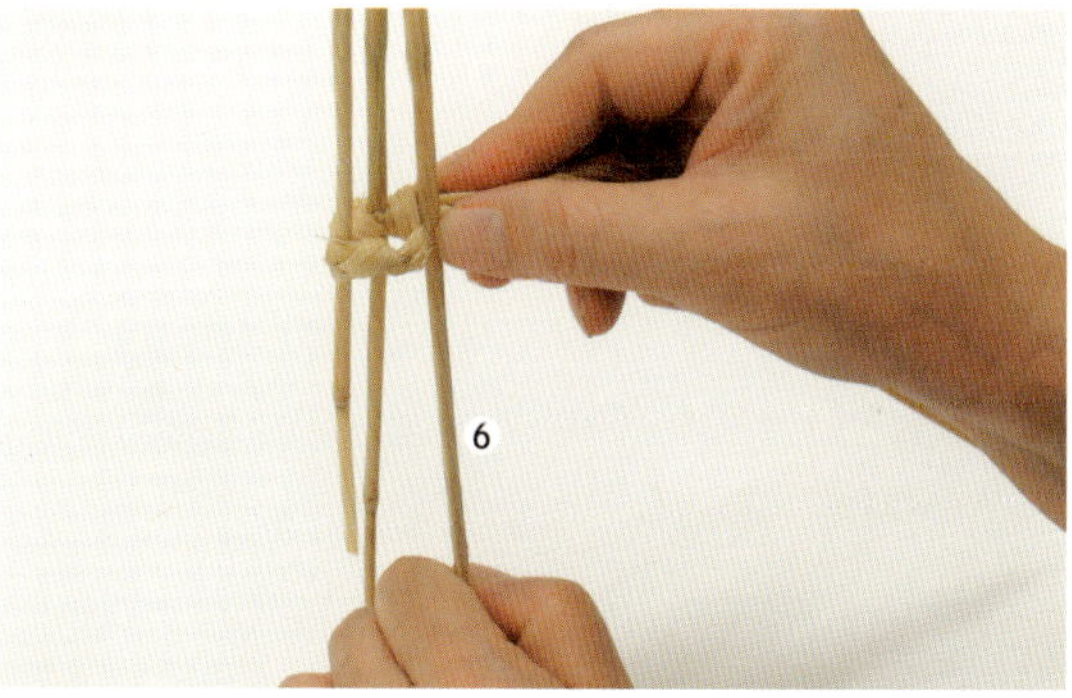

9 6本目から10本目まで、同じ工程を繰り返す

10 10本のワラを使い1周目を編み終わったところ。さしワラが5本立った状態

2周目を編む

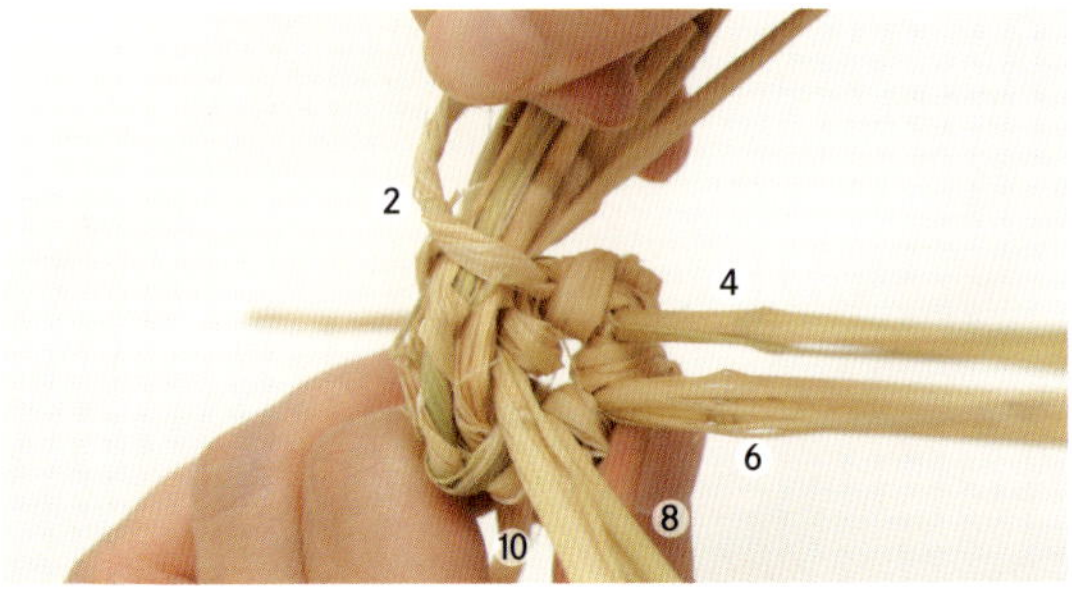

11 ②のワラを二つ折りにして合わせて強くねじり、①③⑤⑦⑨のワラの束の外側に合わせ、輪を描くように添わせる

12 ④、⑥、⑧の順に⑪と同様にする

ワンポイント
中心に5弁の梅の花をイメージすると形が整いやすい

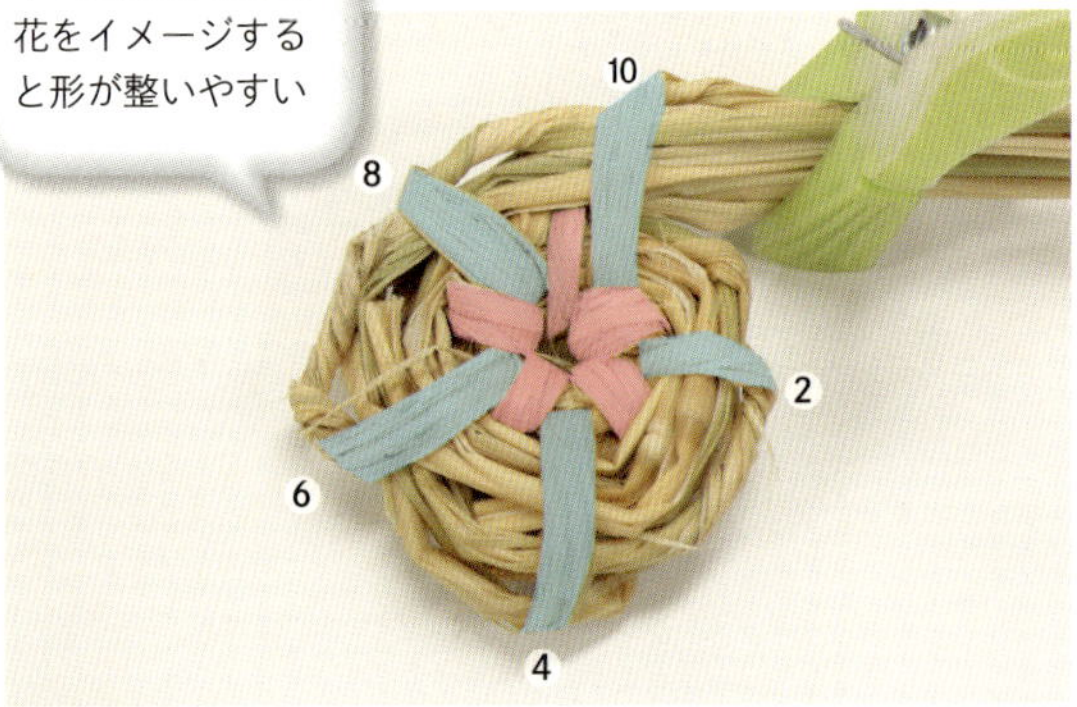

13 10本目まで同様にして、2周目が編み終わったところ。1周目、2周目ともに5つの編み目ができている

3周目以降を編む

14 3周目からは、通し針を使う(今回は竹製を使用)

ワンポイント
ねじり目を通し針で切らないよう慎重に！

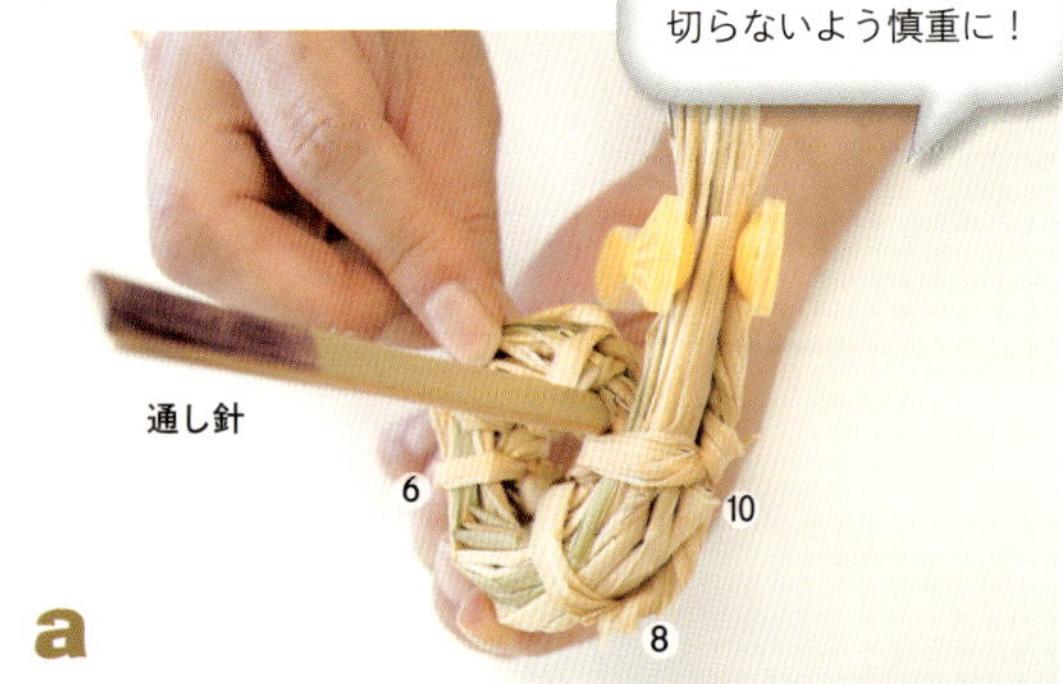

2周目と1周目の間に、裏側から通し針をさす

通し針の切れ込みにワラの根元をはさむ

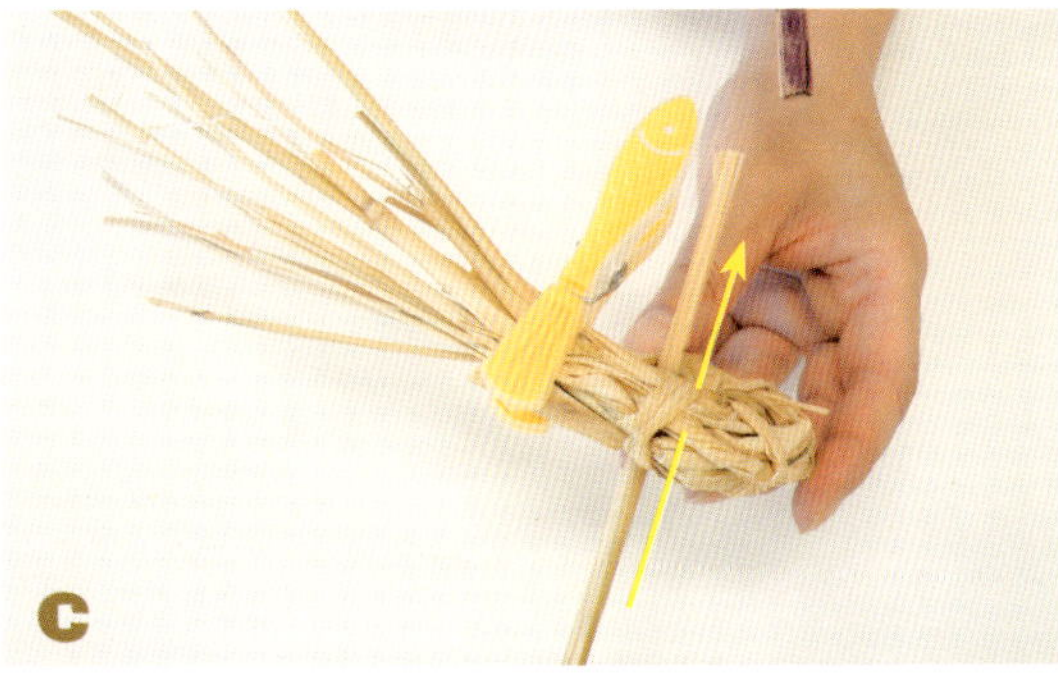

通し針を引いて、表側に3分の1ほどワラを通す

針金製の通し針を使う場合は、ワラの根元から3分の1のところを針金の輪にかけて、表に通す

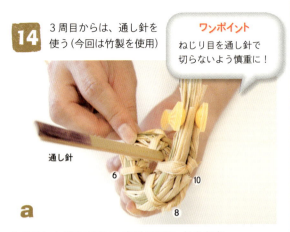

15 通したワラを外側に向けてワラ束を包み込み、二つに折る

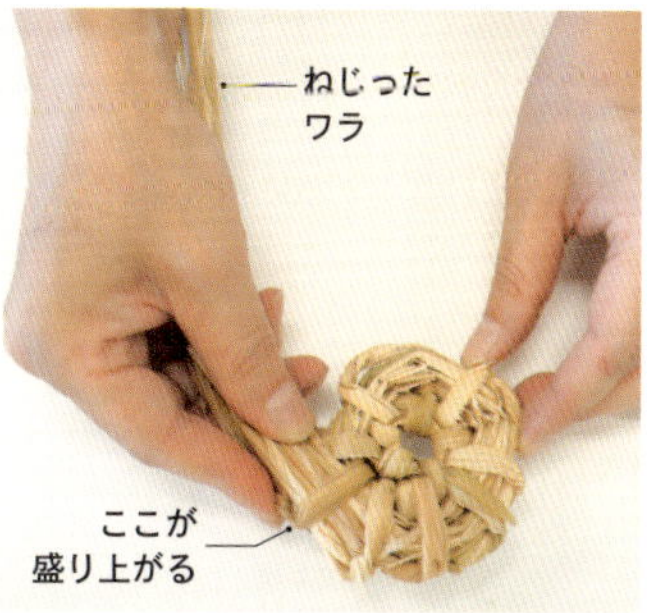
ねじった
ワラ
ここが
盛り上がる

16 ねじった部分が小さな団子状に盛り上がるまで強くねじる

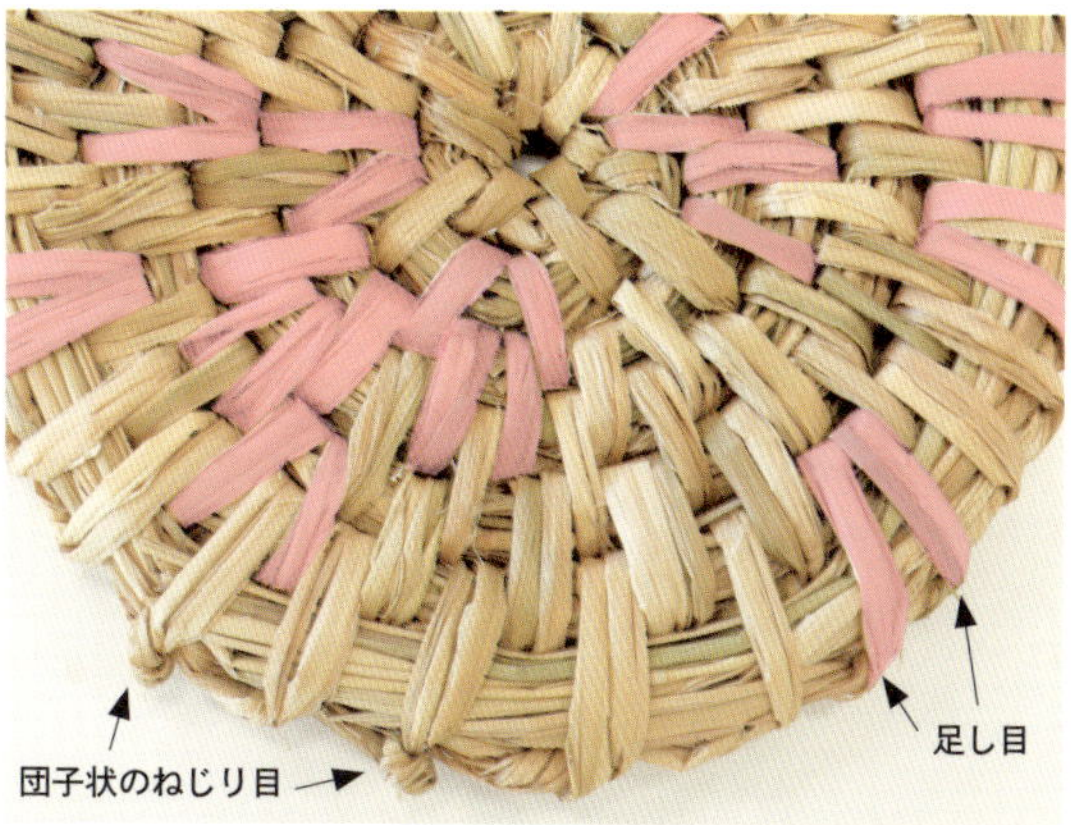
団子状のねじり目
足し目

17 同じ工程を繰り返す。前周の編み目のすき間を埋めるように、ワラをさしていく。外側になって円周が長くなるにつれ編み目のすき間も広くなるので、1カ所に複数のワラをさしてむらなくカバーする（足し目）

縁を編む

18 直径30㎝まで編みあがったところ。縁を編むワラは、本体と同じものを用意

19 本体と同じように、最後の周の下にワラをさしていく（写真は3本目を通しているところ）

ワンポイント
縁に節が当たらないようにする

20 ワラは真ん中くらいまで通す

21 本体と同じように、編み目の広いすき間には複数のワラをさし込む

22 1周ぐるりと、ワラをさし終えたところ

ワンポイント
本体の最後のねじり目をおさえるようにスタート

23 １本目（以下①）のワラの左側を右に倒す
※左右は製作者を基準にしています。

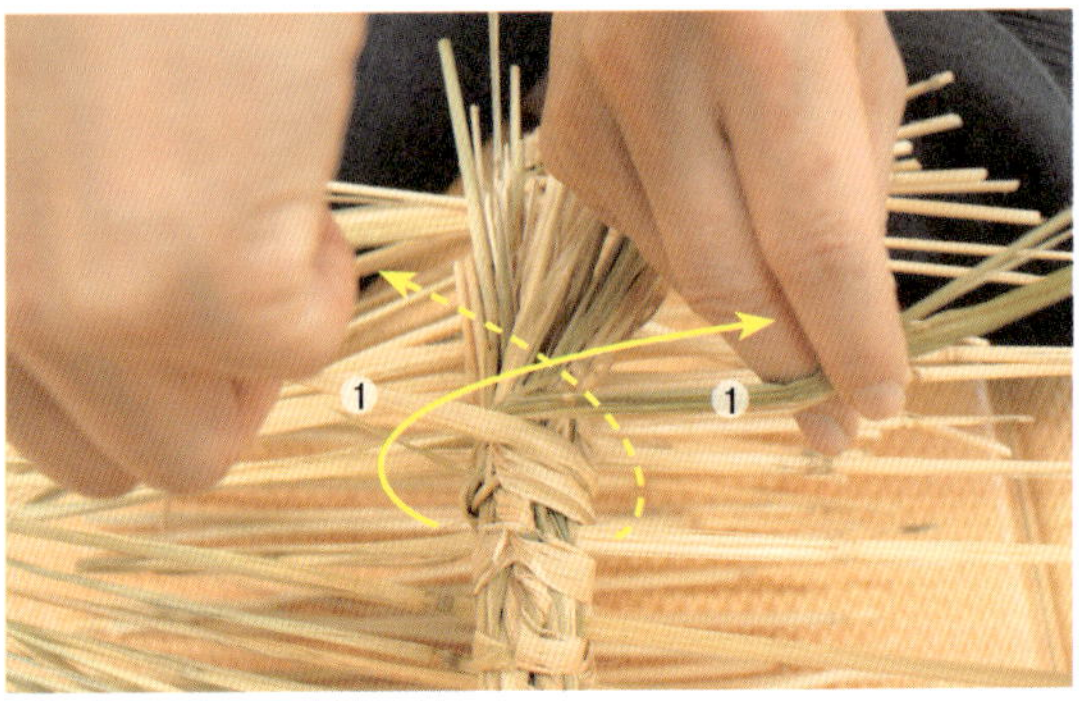
1
1

24 次いで、右側を左に倒す

3
2
1
3
2
1

25 ③まで、左右同じ順番で交差させ、ここで３本いっしょに左右に強く引き締める

3
2
1
3
2
1

26 ①のワラを着物の襟《えり》のように重ねて折る。①のワラの右側を左手前に倒したところ

27 [26]のつづき。①のワラの左側を倒して[26]で倒したワラと交差させたところ

4
1
4

28 ④のワラを[23][24]と同じように交差させ、[27]に重ねて左右に引き締める

ワンポイント
親指を使っておさえて、ゆるみを防ぐといい。

29 ②のワラを、①と同様、着物の襟のように重ねる

ワンポイント

組みワラが２本になったら
３本目のワラを交差させて
引き締めるようにする

30 ⑤のワラを㉘と同じように交差させ、引き締める

31 ③のワラを、①や②と同じように折る

32 この工程を繰り返す

仕上げ

33 編み終わりのところに、通し針で麻ヒモを通す

34 しっかり巻き結び◆にする

35 縁のワラを 1cmほど残して切り落としたら、できあがり！

◆結び方は巻末参照。

パート
4

上級編

宝船
つまかけぞうり
おひつ入れ
猫つぐら
米俵（ミニ俵）

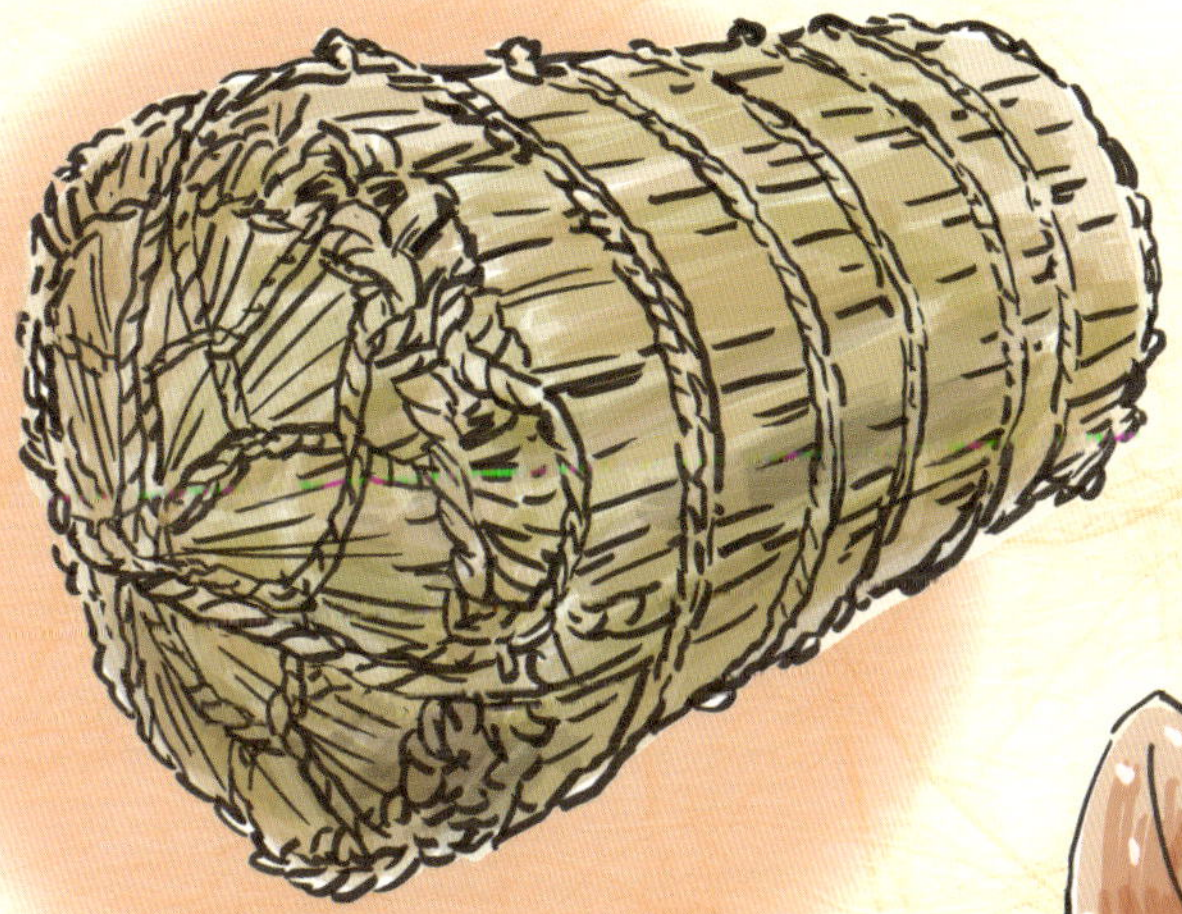

縄ないや編み、組みが自在にできるようになった人は、もっと手順が複雑なものやたくさんのワラを使うものに挑戦してみましょう。作品によっては数日かかるものもありますので、根気強さも必要です。使うワラの量も増えますので、入手方法も考えましょう。一人で集めてもいいですが、グループやクラスで持ち寄ってつくるのも楽しいでしょう。

宝船

1.5時間

（亀と鶴を除く）

「宝船」は代表的な縁起物のひとつ。七福神がお乗りだったり、金銀サンゴの七宝や米俵を満載していたり、いかにも福々しい。初夢にいい夢が見られるよう、「宝船」の絵を枕の下に入れて寝る風習もありました。ワラ細工では、俵や鶴・亀との組み合わせが多いようです。ワラの縁起物の集大成。ぜひチャレンジしてみましょう！

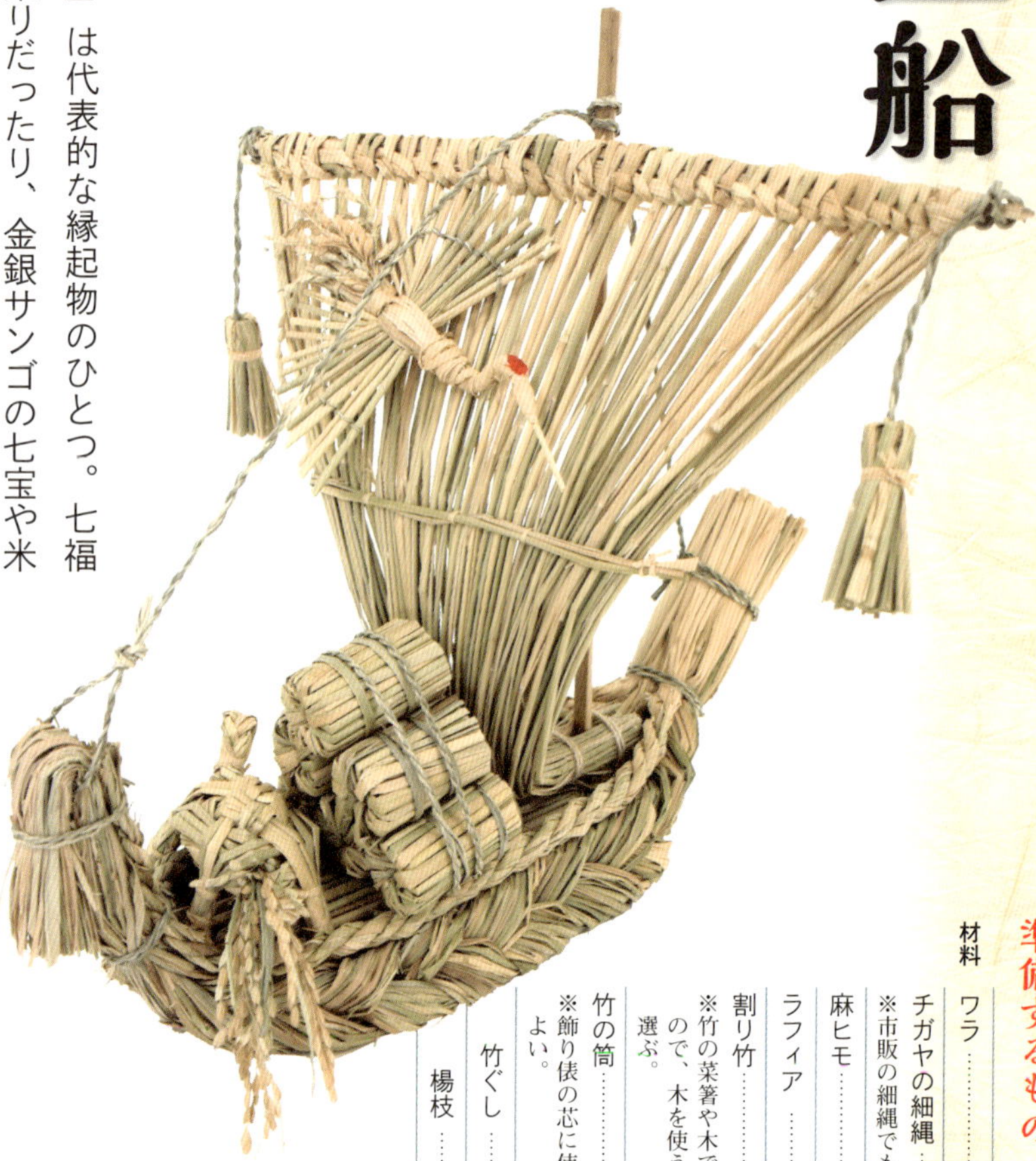

準備するもの

材料

- ワラ……………約200本
- チガヤの細縄…帆に100cm、飾り俵に80cm
  ※市販の細縄でも代用可。
- 麻ヒモ…………約100cm
- ラフィア ………約50cm
- 割り竹…………長さ30～35cm×2本
  ※竹の菜箸や木で代用できる。かなり力が加わるので、木を使う場合は折れにくい材質のものを選ぶ。
- 竹の筒…………直径2cm・長さ5cm×6個
  ※飾り俵の芯に使う。ラップの芯やボール紙でもよい。
- 竹ぐし ……2本
- 楊枝 ……約15本

道具

- 針金……………長さ10cm×1本
- ビニタイ ………約10本
- 輪ゴム…………3～4個
- 霧吹き
- ボンド
- 太めの筒（太い竹など）
  ※帆のふくらみを出すのに使う。
- ペンチ
- やかん

制作に入る前に

・ワラを下処理しておく。
・チガヤの細縄をなっておく（自分でなう場合は2本取り）。
・ミニサイズの鶴と亀をつくっておく。

制作のポイント

- 三つ縄ない（⇒24～25ページ）が、やや難関。あとは、それほどむずかしい作業はない。
- 帆のふくらみは、熱湯をかけてワラをやわらかくして形をつける。
- 「亀飾り」と「鶴飾り」は、ミニサイズのものをつくる。

つくり方

船体をつくる

1 ワラを30～40本用意し、根元から15cmのところを麻ヒモでしばる

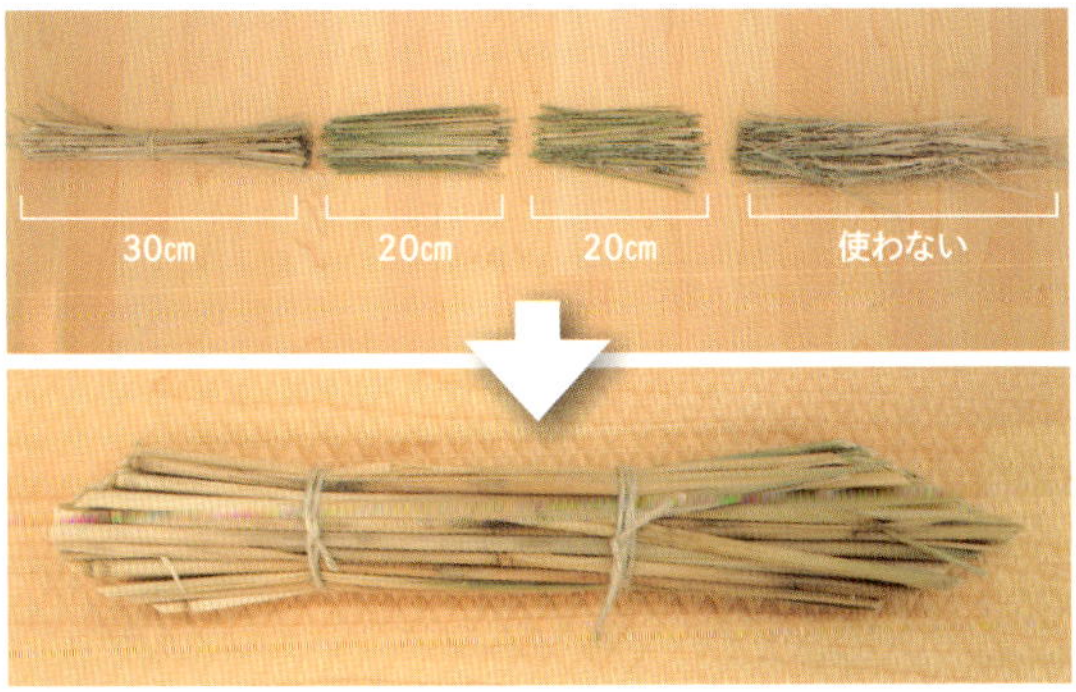
30㎝
20㎝
20㎝
使わない

6 約30本のワラ束を用意し、30㎝、20㎝、20㎝に切る。30㎝のワラを中心に直径6～7㎝のワラ束をつくり、2カ所を巻き結び◆し、船の形になるように両端をななめに切りそろえる

7 ワラ束を船体にはめこむ（固定しなくてもOK）

8 船べりを飾る三つ縄（⇒24～25ページ）を2本なう。三つ縄1本あたりワラを12本用意し、根元から15㎝のところからないはじめ、長さは船体の長さにあわせる

9 船べりの三つ縄の根元を船尾側に重ね、楊枝で船体に固定する。楊枝の先の余りは切る

ワンポイント
船の側面になるので、
ワラを折りたたむよう
にして平たく編む

2 船体の側面に使う三つ編み◆を20㎝編み、編み終わりを麻ヒモでしばる。同じものをもう1本編む

3 2本の三つ編みを向い合わせにする

4 2本の三つ編みを麻ヒモで束ね、根元が広がらないようワラが乾くまで輪ゴムで仮どめする。こちらが船尾になる

5 穂先も同様に麻ヒモで束ねる。穂先を外側に二つ折りにして輪ゴムで仮どめし、端を切り落とす

◆ 結び方・編み方は巻末参照。

10 三つ縄を1本あたり4カ所ずつ楊枝でとめる。楊枝の余りは切り落とす

帆をつくる

11

ワラを2本ずつ20～25組を用意。根元に節があるものは切り落とす

ワンポイント

編み目が分厚くなると見栄えが悪いので、残す長さは5cmより長くしない

12 ワラ2本を1組にして、根元から5cm残して割り竹にあてがう

13 割り竹にひと巻きし、ワラの上を渡して裏側に出す

14 1組目のワラの端は、2組目の編み目でおさえる

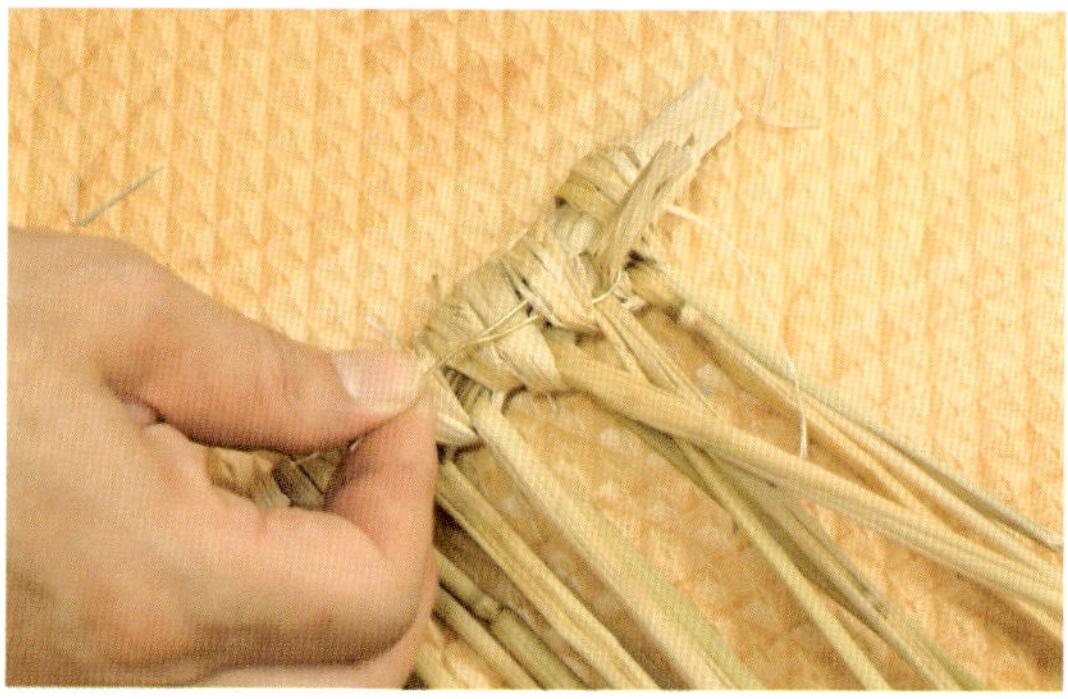

15 最後のワラの端は、手前の目の中に通す。細い針金を輪にしたものを使うと通しやすい

16 穂先を切り落とし、麻ヒモで仮に結んでから、帆にふくらみをつける

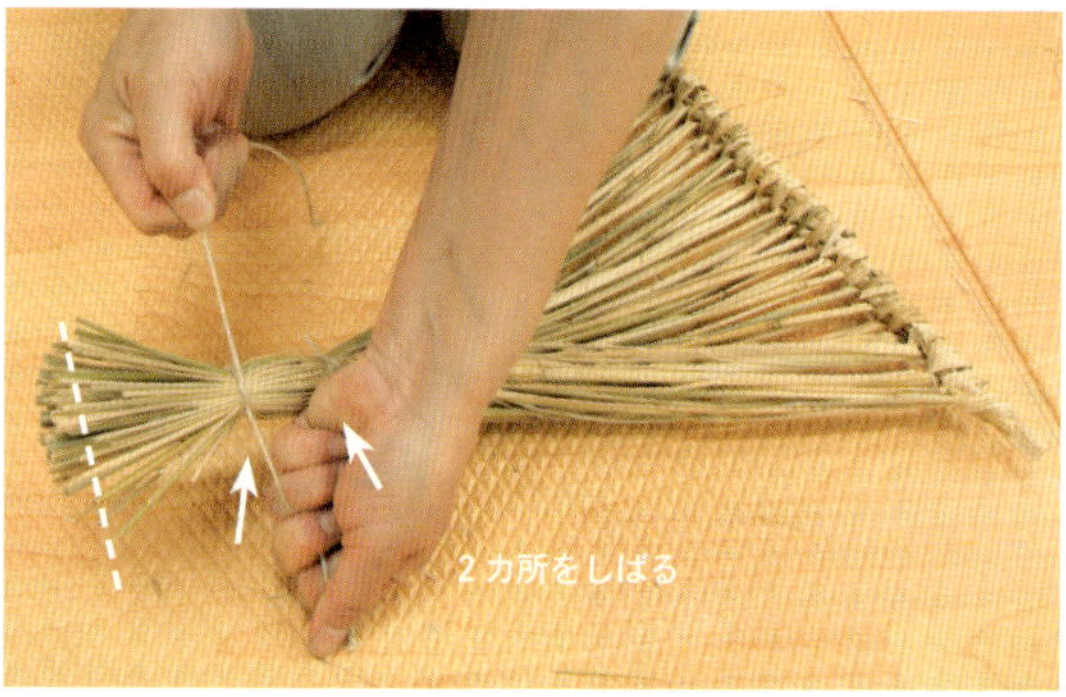

17 船体とのバランスをみて帆の長さを決め、2カ所をしっかりと巻き結び◆する。端は結び目から3cmほどのところで切りそろえておく

18 お湯を沸かし、帆のふくらみの部分にかけまわす

19 太めの筒に押しあてて、帆のふくらみの形を整える

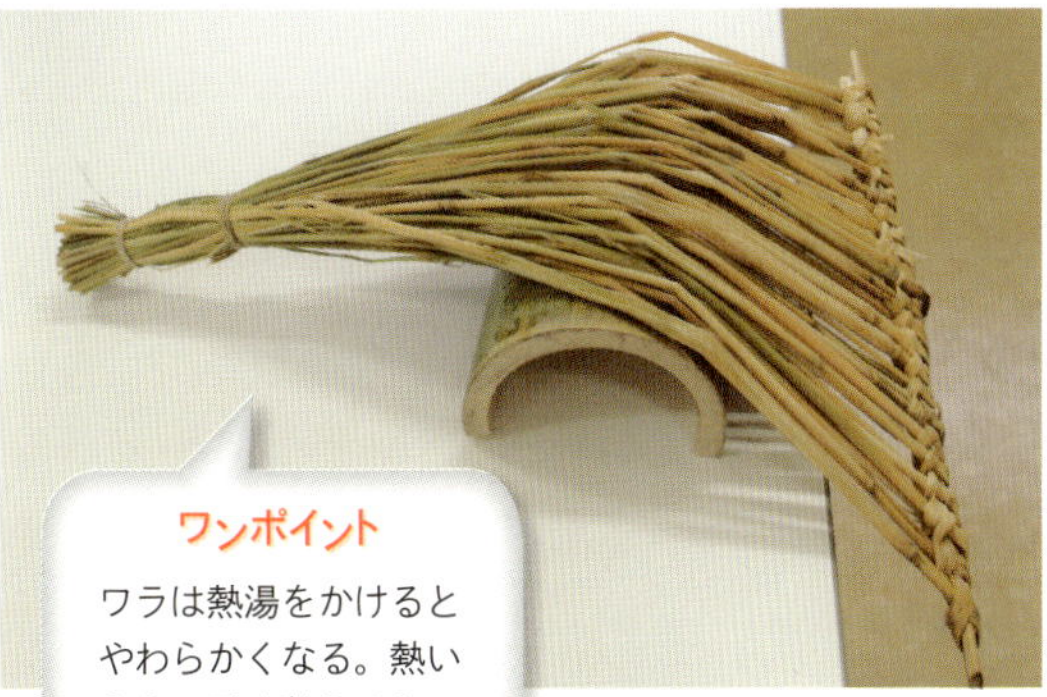

ワンポイント
ワラは熱湯をかけるとやわらかくなる。熱いうちに形を整えると、乾いてもその形を保つ

20 ワラが乾くまで、型に乗せておく

21 帆が乾いたら、2つに折ったワラで半分より少し上をはさむ

22 ラフィアで4カ所をしばる

23 割り竹の片方の端を削ってとがらせ、竹の棒の削った端を、結び目の上にさし込む。削っていない端を帆の裏側から×の字型にラフィアで結びつける。帆のできあがり

飾り俵をつくる

24 ワラを20本程度用意し、根元近くと穂先はさけて、長さ15㎝の細めのワラ15本を6組用意する。端1㎝のところを麻ヒモでしっかりと巻き結び◆にする

25 しばったところでワラを前後に何度か折り曲げてやわらかくし、麻ヒモのところまで竹筒に入れる

◆ 結び方は巻末参照。

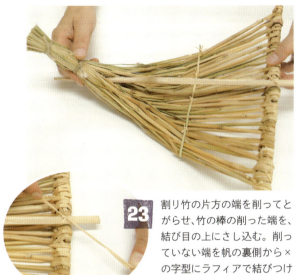

ワンポイント

巻いたワラはねじって
できた輪のすきまに押
し込むだけ

26 ワラを折り返して竹筒を包む。輪ゴムで仮どめしてから、ワラで 2 カ所を巻く

27 竹筒の長さにワラを切りそろえると、俵の完成

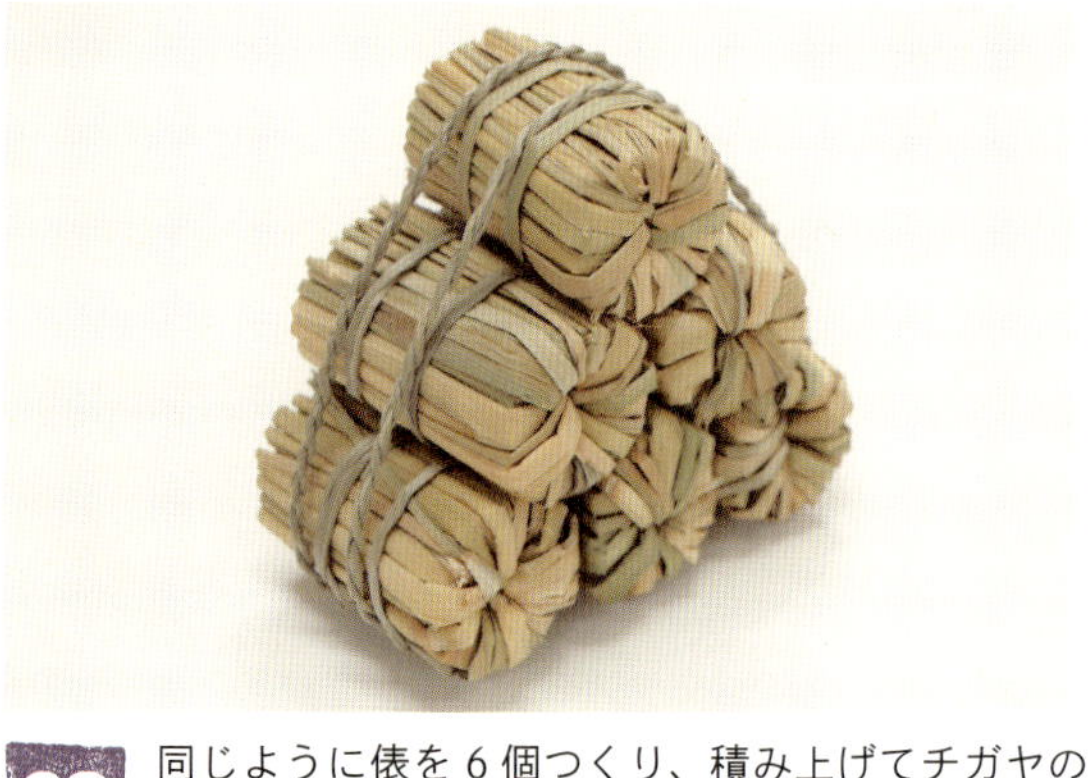

28 同じように俵を 6 個つくり、積み上げてチガヤの縄でくくる

組み立てる

29 削った帆柱の先を、船体のワラに突きさす（固定はしなくてよい）

30 船首と船べりの三つ縄のワラをまとめてチガヤの細縄（麻ヒモでもよい）で巻き結び◆する。先を二つ折りにしてからもう 1 カ所巻き結びする。チガヤの細縄を 100㎝用意し、二つ折りの輪の中を通して真結び◆し、帆、船尾へと張り渡す

31 柱の先は 2 巻きする

32 最後に、船尾のワラを巻き結び◆する。縄の余りは切り落とし、船尾のワラの端も切りそろえる

33 目立たないよう、飾り俵の底に楊枝をさす。楊枝にボンドをつけておくとより安定する

34 帆の前の船体に楊枝の先を突きさし、飾り俵を固定する

35 「亀飾り」を、竹ぐしで船底に2カ所固定する。余った竹ぐしはペンチなどで切る

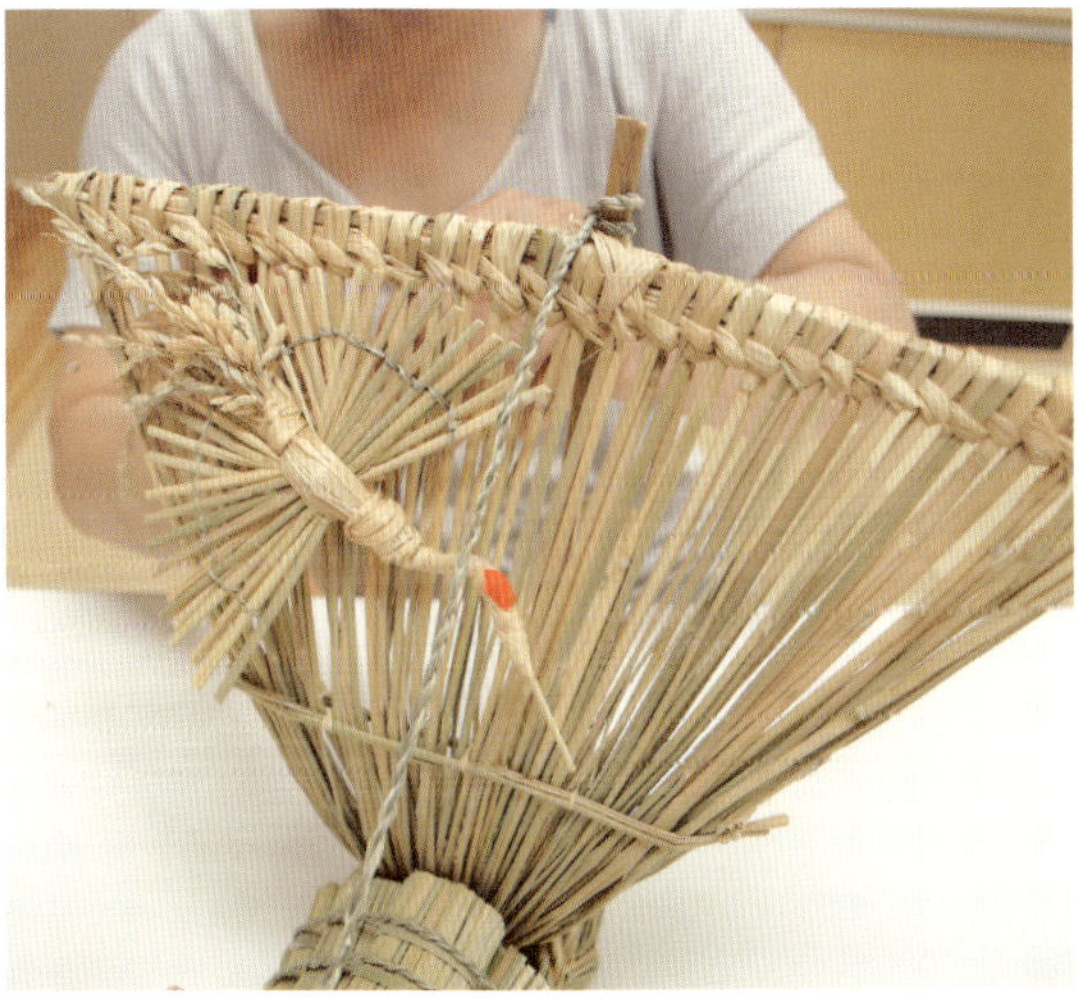

36 「鶴飾り」を帆のほどよいところに配し、首と胴の2カ所をラフィアでしばればできあがり！

ミニサイズの鶴と亀をつくる

「鶴飾り」と「亀飾り」のつくり方は、18ページと21ページを参照。「鶴飾り」はワラの本数と長さを半分にする。「亀飾り」は、ワラの本数は半分にし、三つ編みの頭部は7cm、甲羅の枠部は15cmにし、甲羅は2本1組で組み上げる。

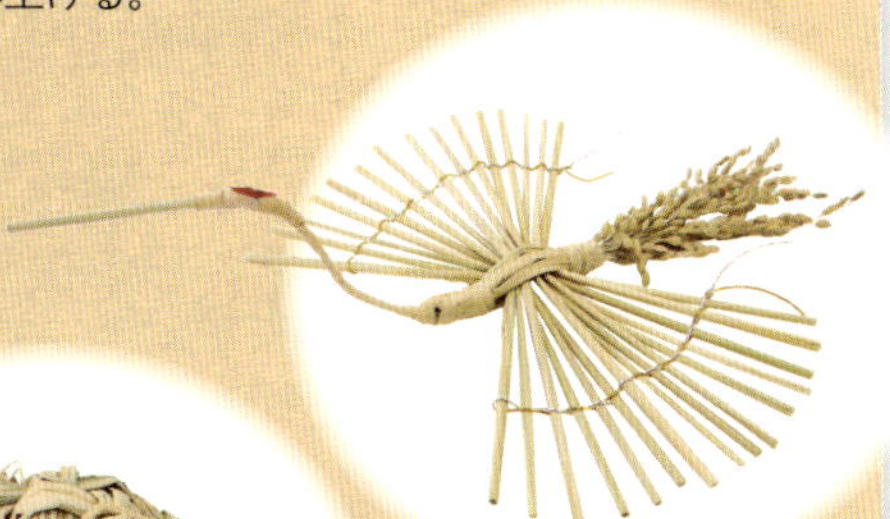

◆ 結び方は巻末参照。

つまかけぞうり

3時間
（1足分）

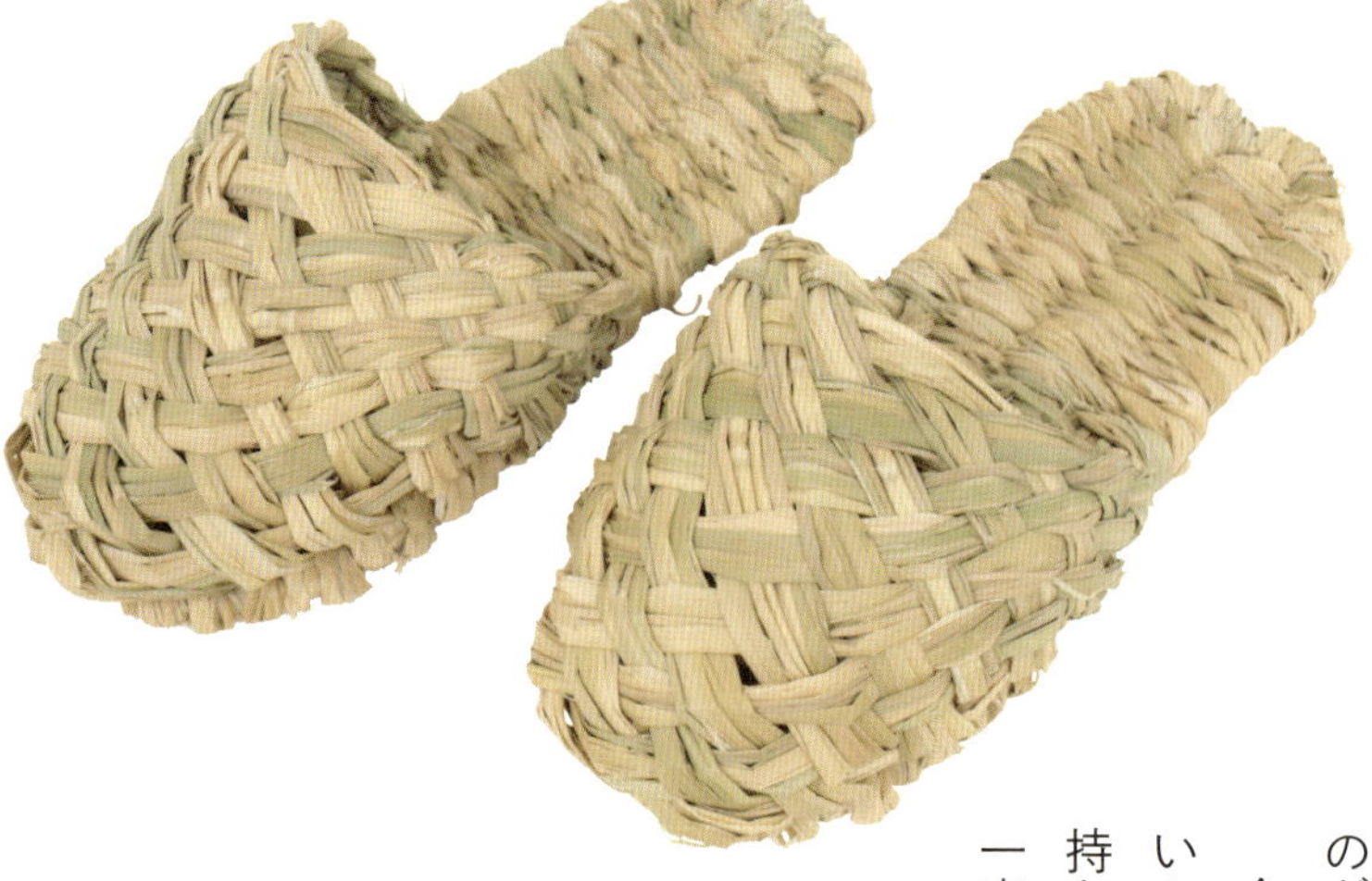

このぞうりは、雪国で冬に、庭ばきとして使われたそうです。外の厠《かわや》や、「ちょっと納屋まで」などというとき、さっとつっかけられて重宝。裏面にワラの切り口が出ているのが、ちょうどいい滑り止めです。
今の暮らしでは、夏の室内履きにいかが？ 素足にワラの感触が気持ちいい〜。軽くて風通しもよく、一度はいたら手放せなくなりそう。

準備するもの（1足分）

材料
- ワラ（太め）……………約100本
- 芯縄（太さ8㎜）……150㎝×2本
  ※初心者はPP（ポリプロピレン）ロープを使うとよい。白が一般的だがベージュ色やいぐさ色のものもある。
- 型
  ※ここでは専用の木の型を使っているが、布製の細身のスリッパの甲に丸めた新聞紙などを詰めて代用したり、段ボールを重ねたりしてつくってもよい。

道具
- ビニタイ……………17本
- 通し針
  ※円座（46ページ）の道具の項参照。
- ハサミ
- 霧吹き

制作に入る前に

・ワラを下処理しておく（ミゴを取り除いてよくたたく）
・型をつくっておく。

制作のポイント

- 芯縄は、丈夫なPPロープが初心者にはおすすめ。
- 2本1組の編みワラはビニタイで仮どめすると編みやすい。

つくり方

つま先の底を編む

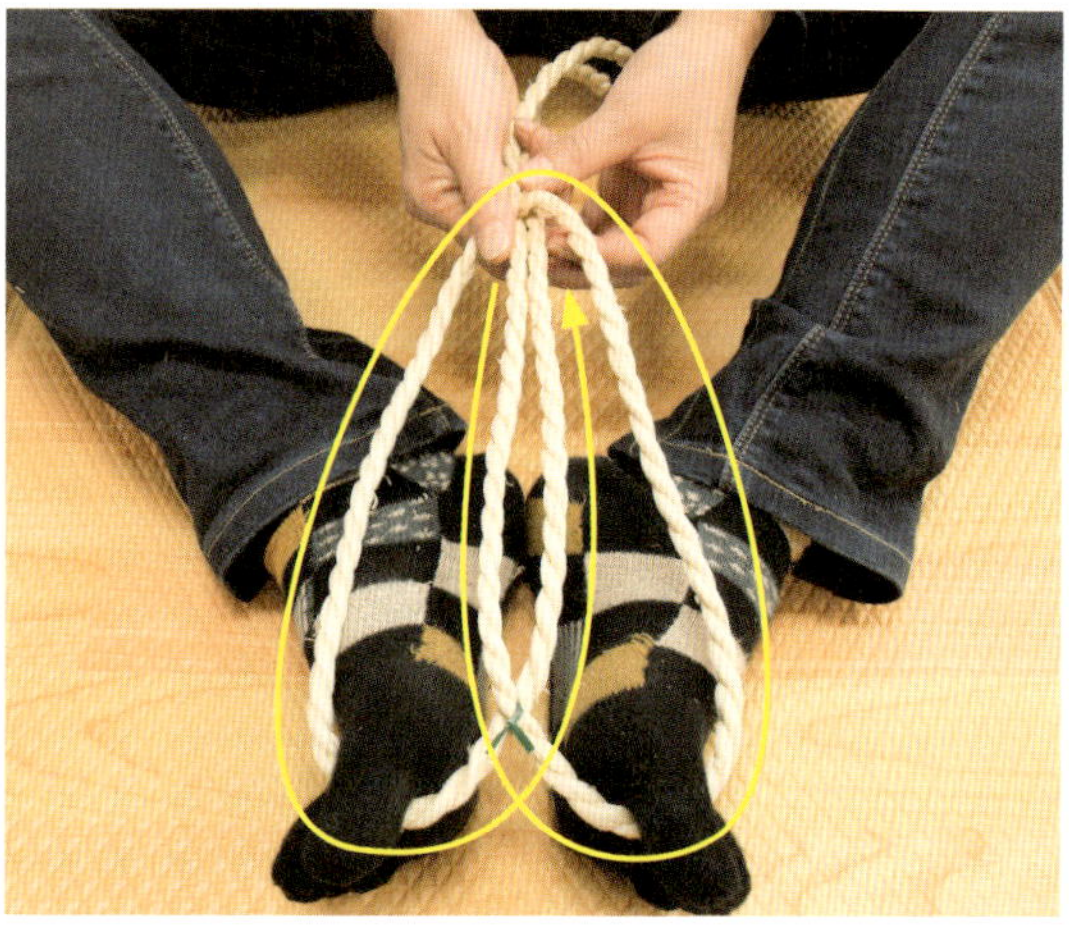

1 芯縄を足指にセット。交差したところをビニタイでとめ、輪を上にする

2 太めで長くきれいなワラを選び出し、2本1組で16組つくっておく。1組目の編みワラを手にとり、根元から15㎝のところを、手前の芯縄の輪の中央に2巻きし、残った3㎝ほどの根元は立てておく。ここがつま先の先端になる

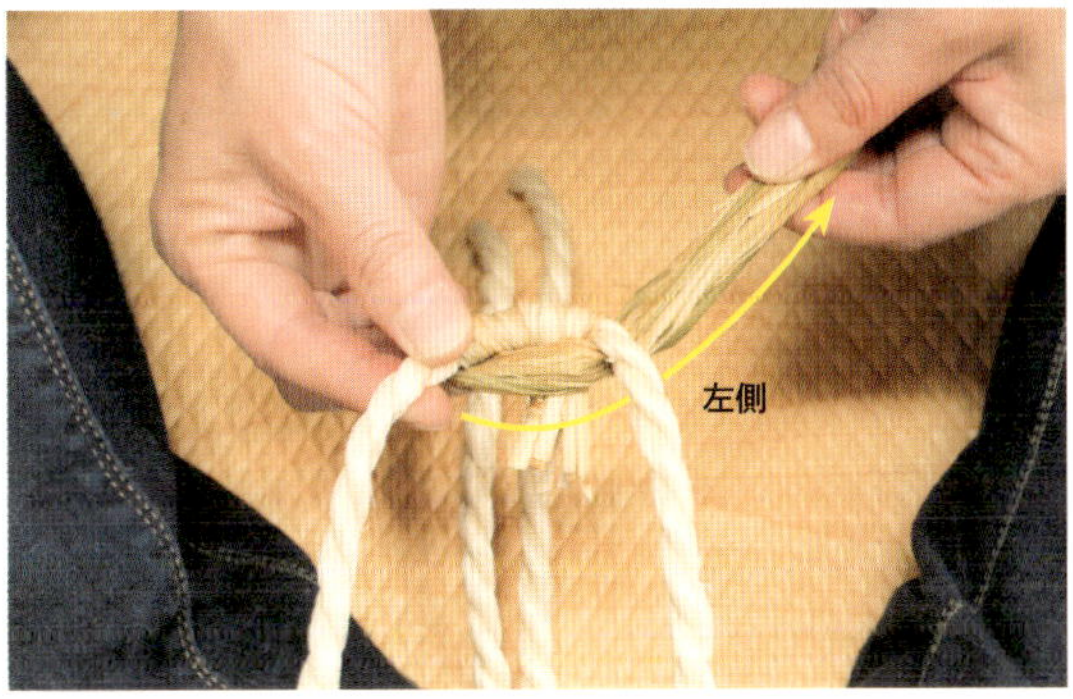

3 2で2巻さした編みワラの穂先側を、今度は左側の芯縄の下に通す
※左右は製作者を基準にしています。

4
3の編みワラを芯縄（①）で折り返したところで、中央の2本の芯縄（②③）を持ち上げて輪の芯縄に重ね、②③の下を通して④の芯縄の上に出す。（1で立てた3㎝の残りは中央の芯縄に沿わせて編み込む。）甲になる穂先側の余りのワラはビニタイでとめておく

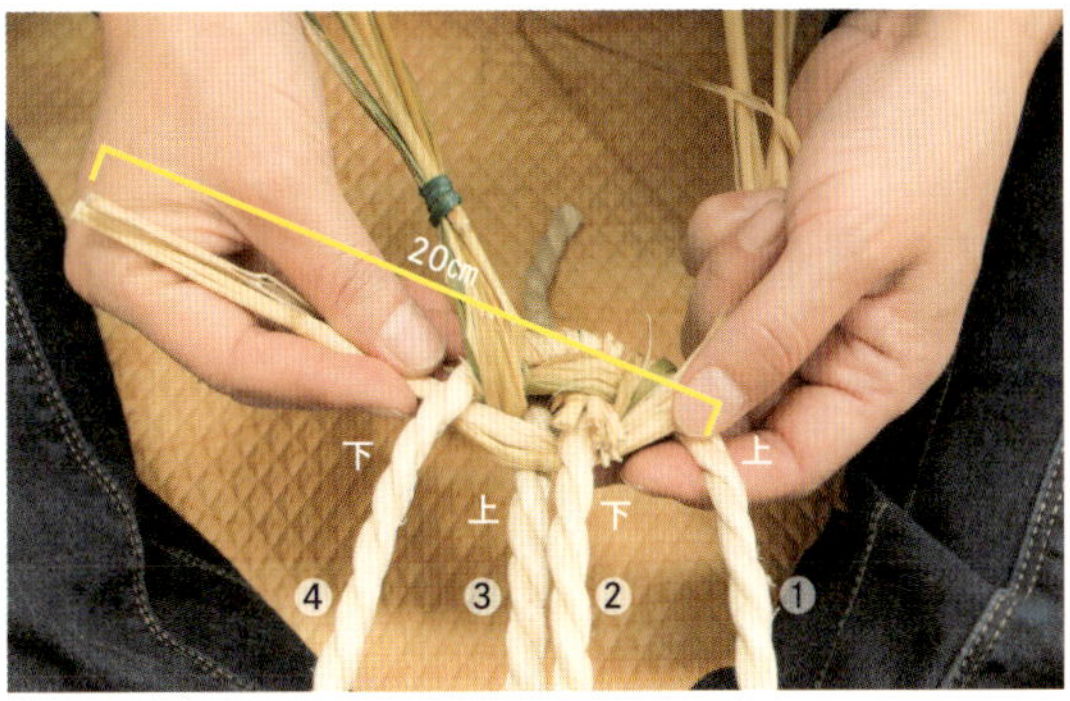

5 2組目のワラを用意。根元から20㎝ほどを持ち、①→④の芯縄を上・下の順に縫うように通す

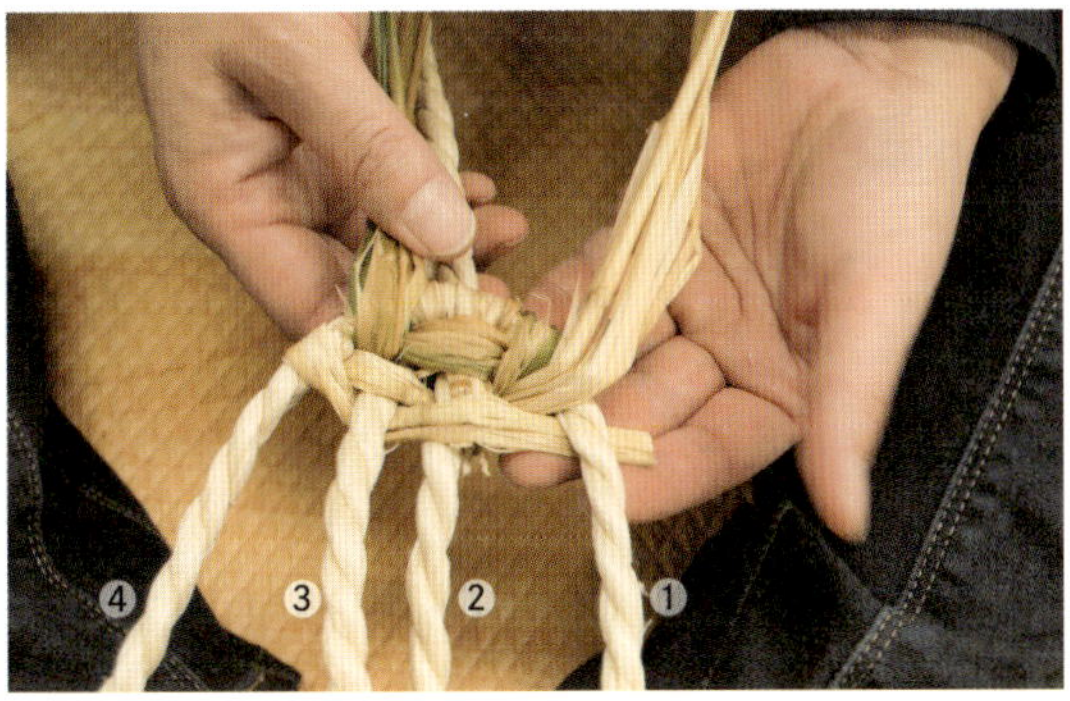

6 5に続けて④→①の芯縄へ上・下の順で折り返し、穂先側の余りワラをビニタイでとめる

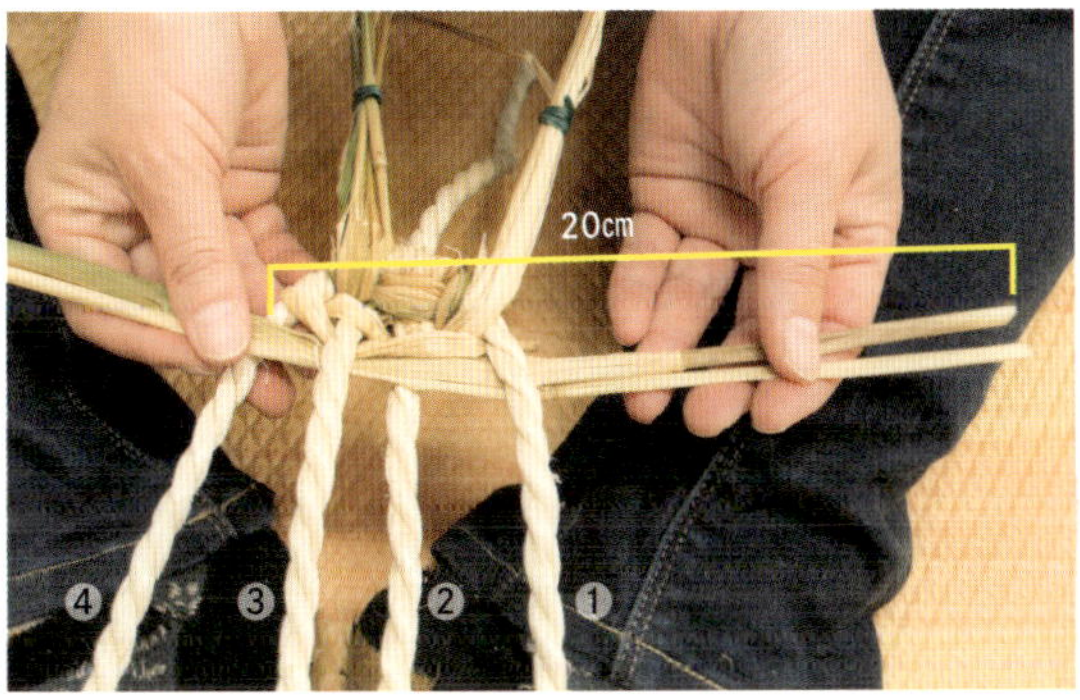

7 3組目のワラを用意。5の2組目とは反対側から④→①の芯縄を上・下の順に通しておく

8 7に続けて①→④の芯縄へ上・下の順で折り返し、穂先側のあまりのワラをビニタイでとめる

9 4組目は、5の2組目と同じように芯縄に通す。折り返しも6と同様にする

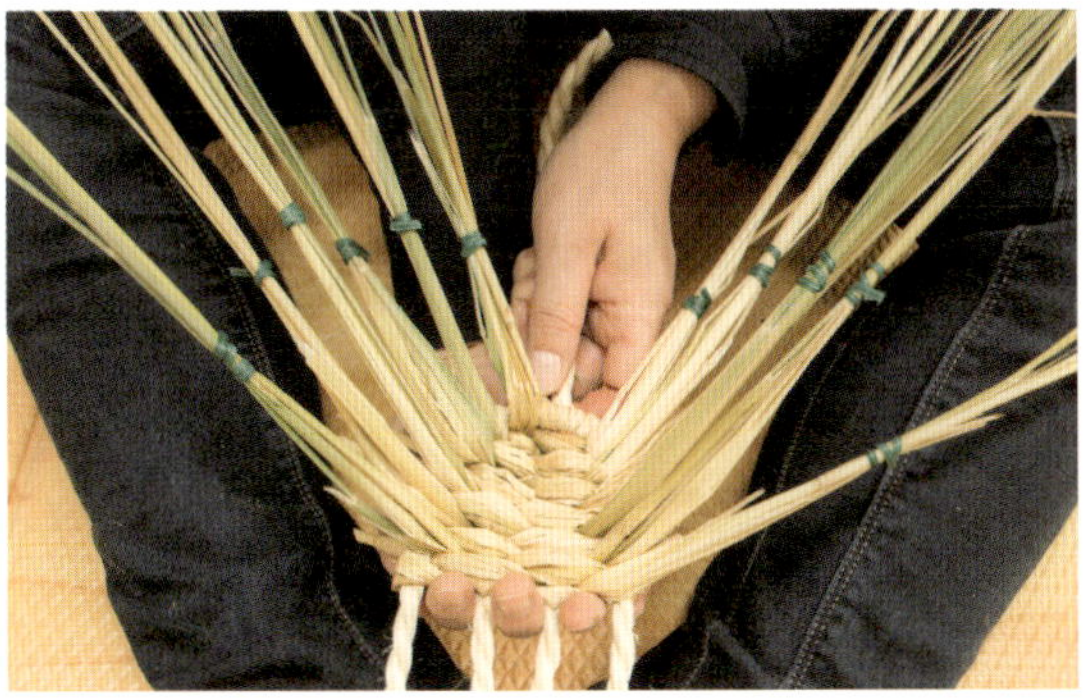

10 この繰り返しで左右交互にワラを通していく。ときどき指で編み目をしっかり詰める

甲をつくる

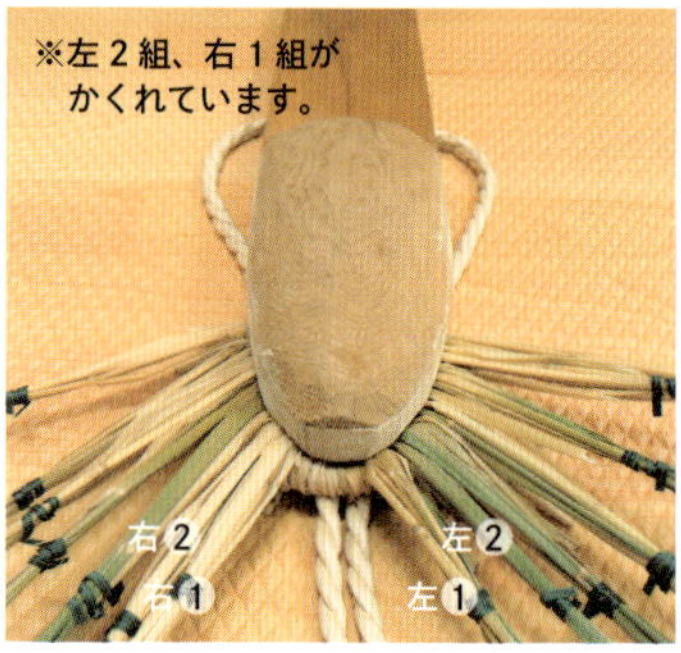
※左２組、右１組が
かくれています。
右②
右①
左②
左①

11 8組ずつ編み終えたら、型を乗せる。つま先の先端より心もち型を前に出すと、甲の先の形がふっくらする

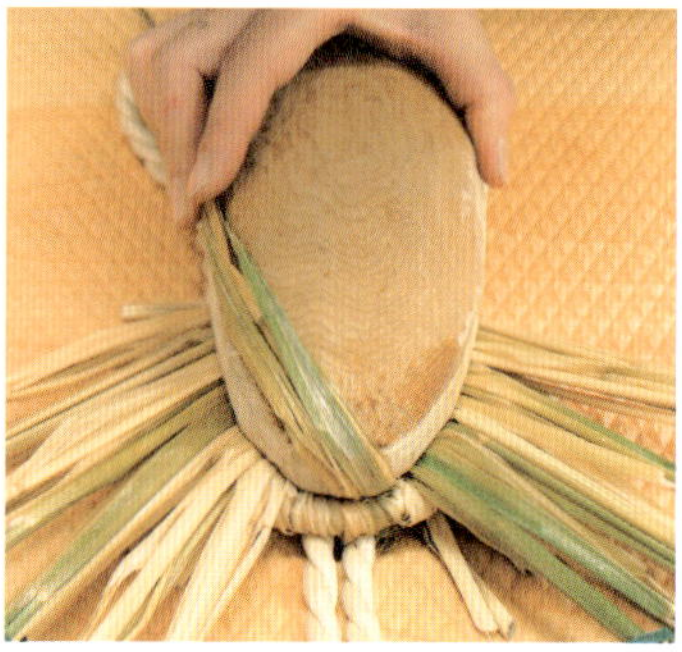

12 左①を型の右方向へななめにのせる

ワンポイント
つま先にすきまができないよう、型の縁に沿ってカバーする

左①
右①

13 右①を型の左方向に同様にのせる

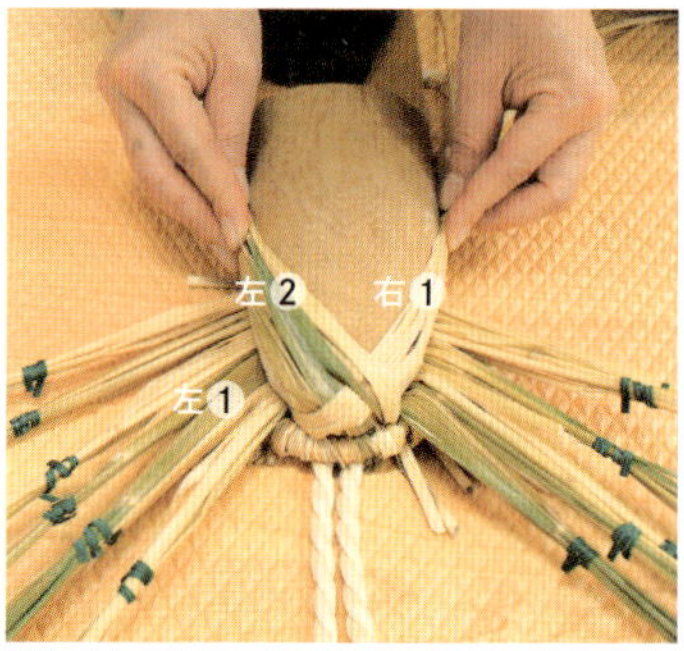
左②
右①
左①

14 左②を同様に右方向にのせる

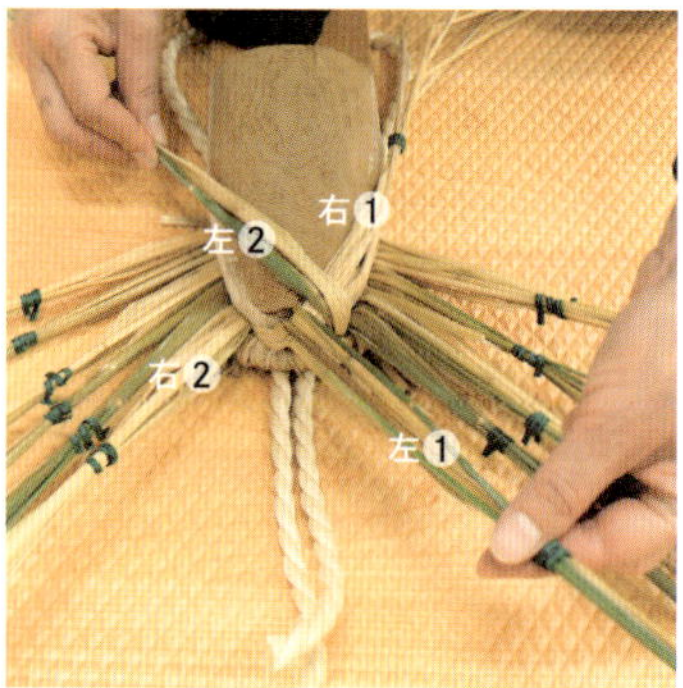
右①
左②
左②
左①

15 左①をいったん持ち上げる

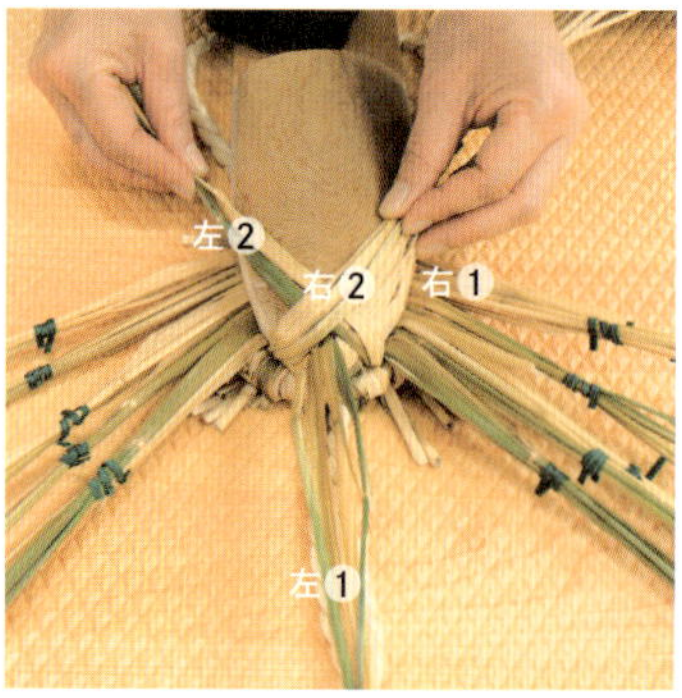
左②
右②
右①
左①

16 右②をのせる

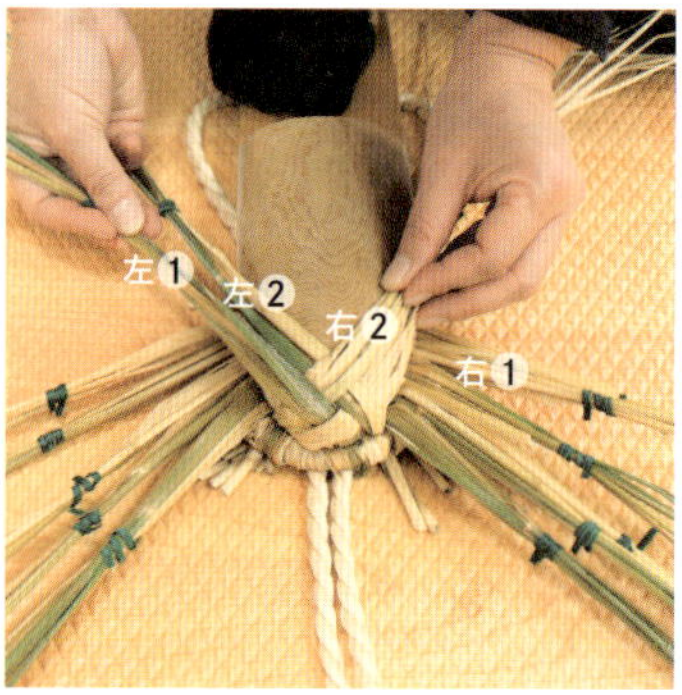
左①
左②
右②
右①

17 左①をもとに戻す

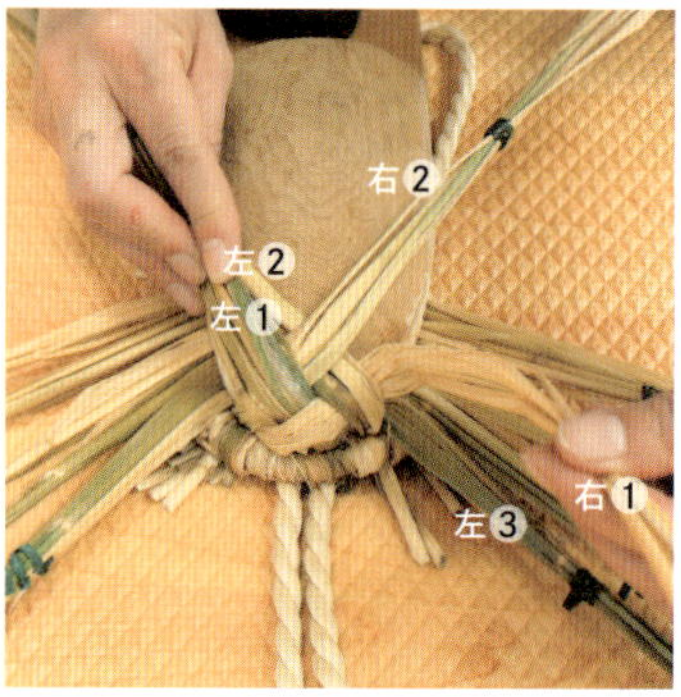
右②
左②
左①
右①
左③

18 右①をいったん持ち上げる

左③
右②
左②
右①
左①

19 左③をのせ、右①を戻す

左③
右②
右①
左①
右③
左②

20 左②を持ち上げる

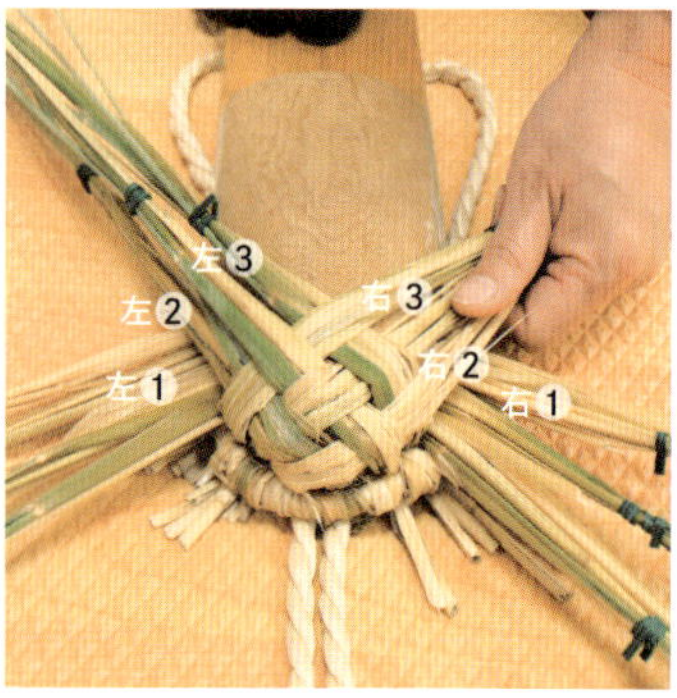
左③
右③
左②
右②
左①
右①

21 右③をのせ、左②をもとに戻す

22 左右の⑧まで同様に編む。ときどき濡れタオルで軽くたたきながら、丸く形を整える

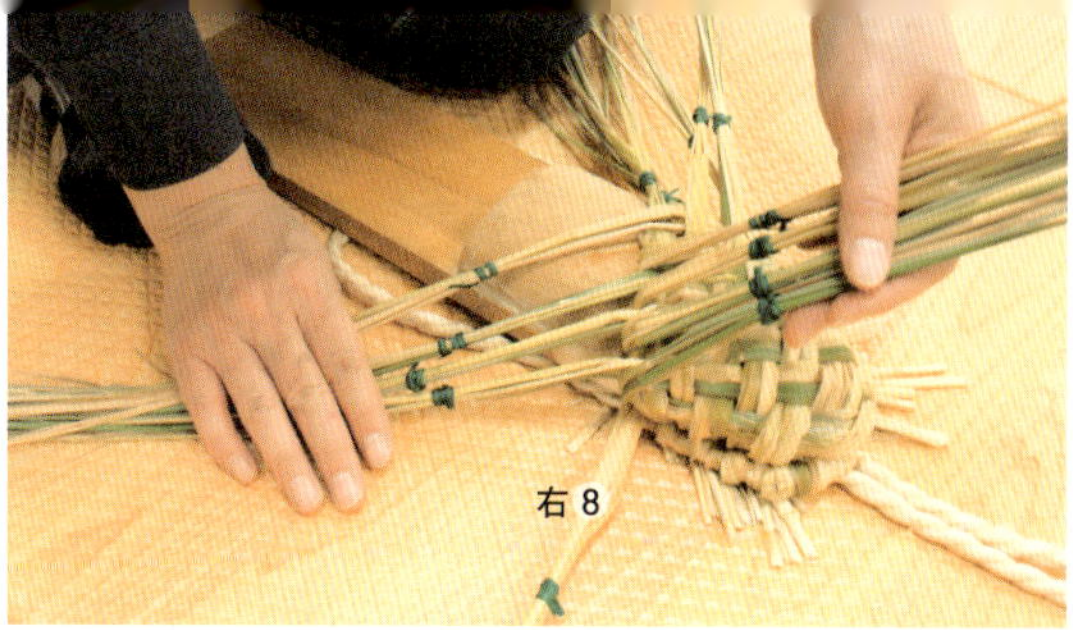

23 最後の右⑧を編みこむところ

24 甲を編み終えたところ（左右とも内側から順番に⑧⑦⑥…になって、左右が入れかわっている）

甲の縁を編む

25 右の①③⑤⑦を上に、右の②④⑥を下に分ける

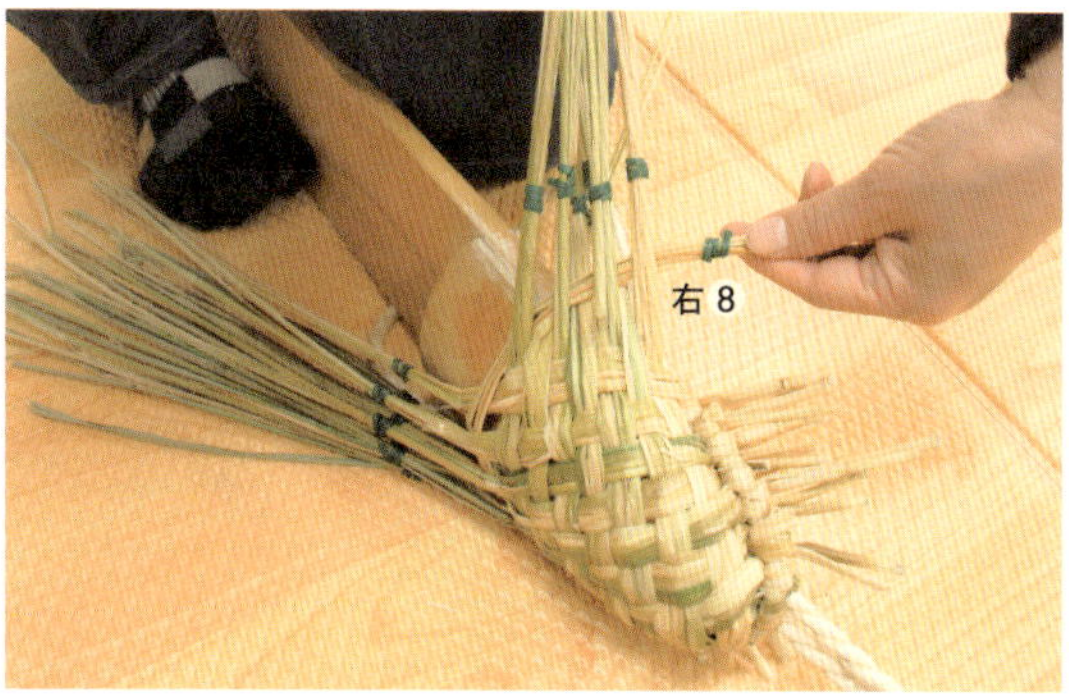

26 右⑧をその間に通す

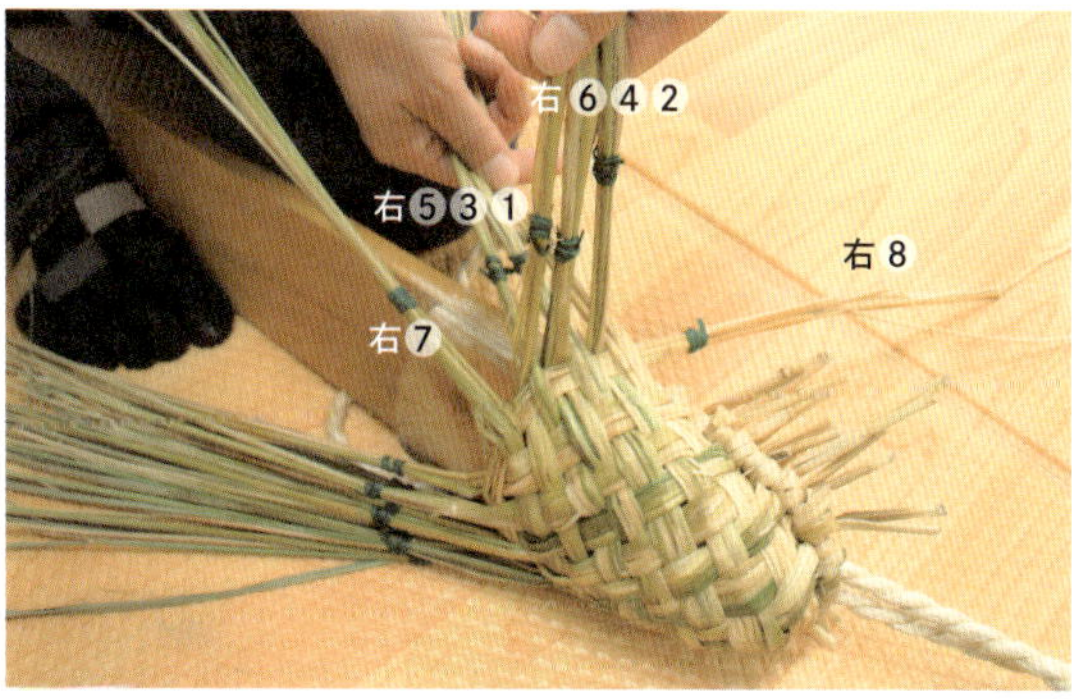

27 右②④⑥を上に、①③⑤を下に分ける

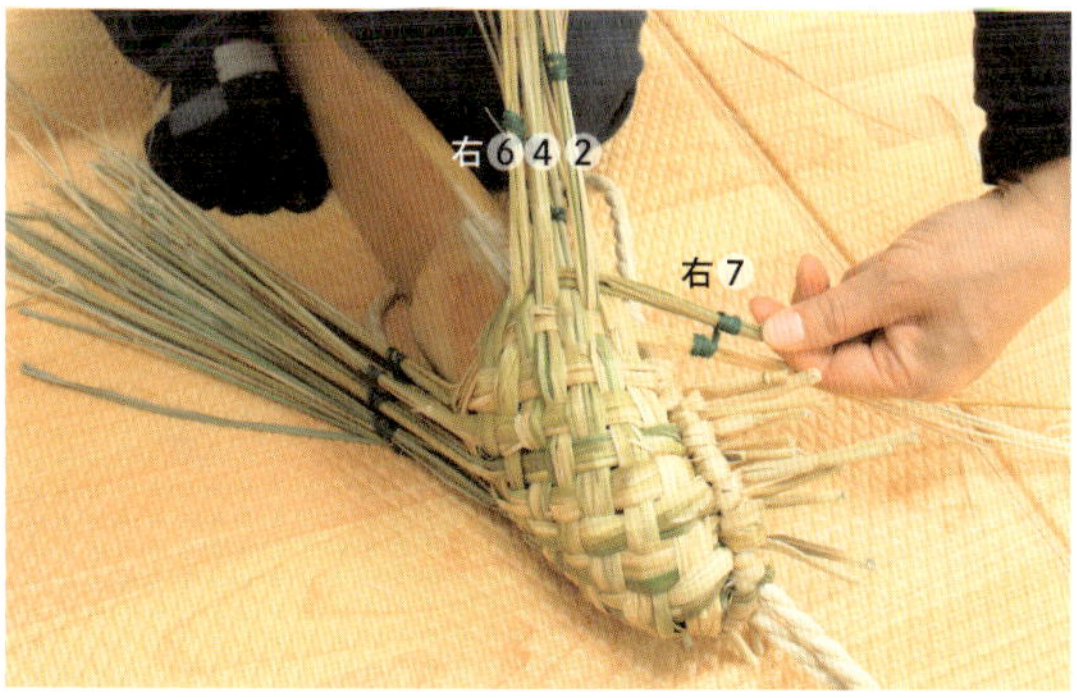

28 ⑦をその間に通す

29 同じ要領で編み進め、右①はそのままにしておく。左も同様に編む

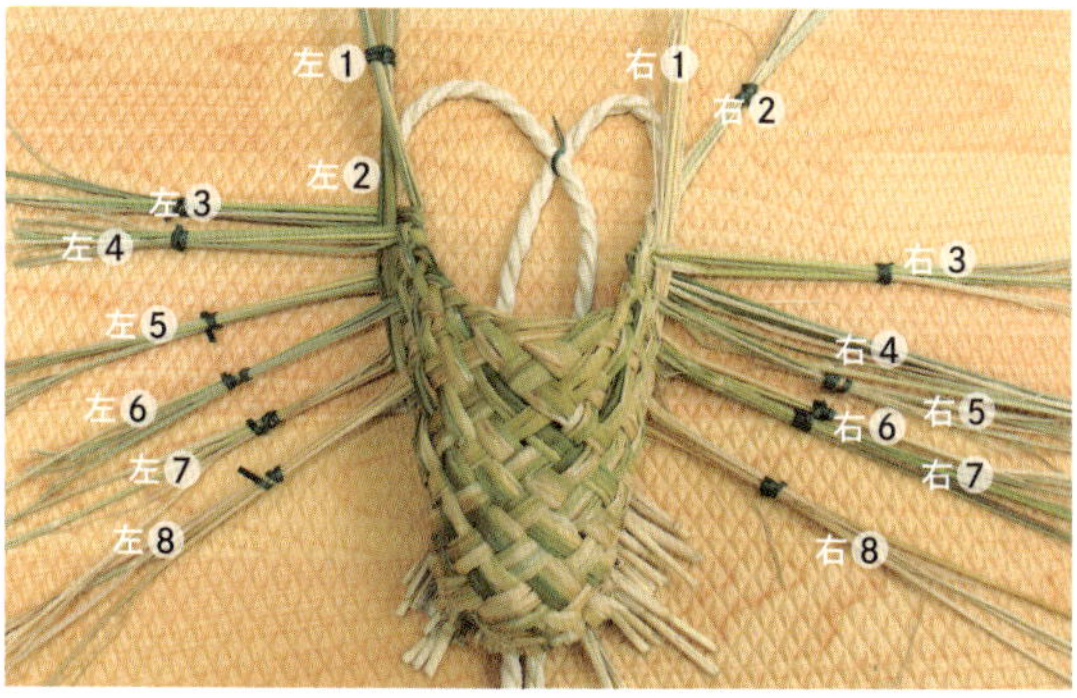

30 左右両側の縁を編み終えたら、型をはずす

甲の底を編む

31 再び芯縄を足指にセットする

32 左⑧から編み始める（右⑧から編みはじめてもよい）

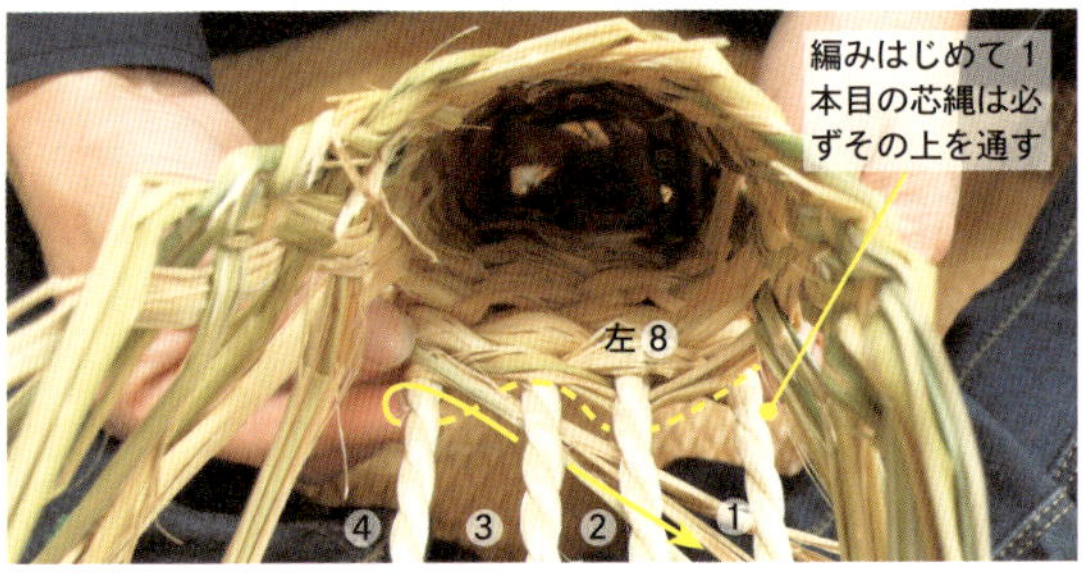

33 つま先の底を編んだのと同じ要領で、ワラを芯縄に上・下の順に通していく。写真は左⑧を芯縄に上下交互に通して折り返したところ。編み進めて先が細くなってきたら、下に流しておく。今度は右⑧を、同じ要領で編む（必ず1本目の芯輪の上から通しはじめる）。以下⑦⑥⑤…の順に編む

ワンポイント

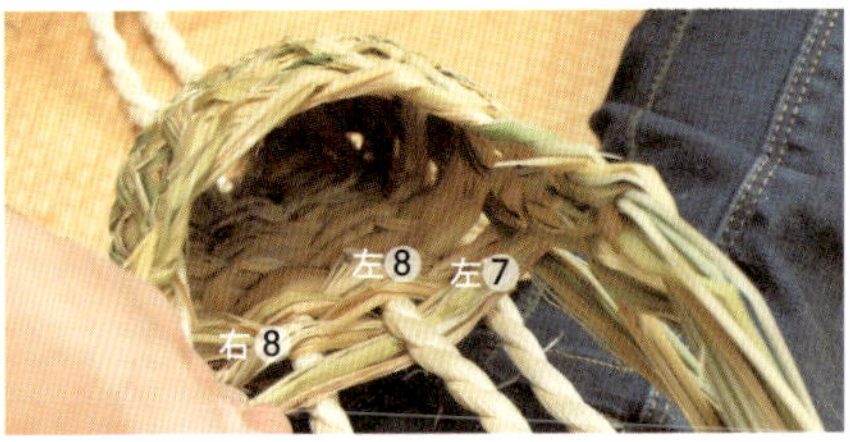

底の編み始めは、必ず芯縄の上からスタートするので、となりの編み目と同じになる。写真では左⑧と左⑦が芯縄への上下の通し方がそろっている

34 最後の右①と左①の編みはじめは、外側の芯縄に1巻きしてから編みはじめる

35 16組のワラを編み終えたところ

残りの底を編む

36 新しく2本1組の編みワラを用意。根元側から芯縄②と③の間にワラを3cm程度さしてスタートする。穂先側を持って、芯縄③→④、折り返して芯縄④→①へと、上・下の順に編み進める

37 ワラを往復させて編み、ワラが細くなったら裏側に流しておく。次のワラも芯縄②と③の間に3cm程度さしてスタートする。前のワラと次のワラの上・下の通し方が逆に交互になるように編む

38

ときどき、⑩のように、指を広げた手で目を詰めながら、土踏まずからかかとまでの長さを編む。最後に芯縄を引くとさらに目が詰まるので、仕上がりより指3本の幅くらい長めに編んでおくとよい。編み終わりのワラは外側の芯縄に2巻きし、ビニタイをはずす

39

中央の芯縄を強く引く。交互にバランスよく引っ張るのがコツ

40

かかとのワラを整えながら少しずつ引く。かかと側の芯縄が見えなくなるまでしっかり引く

41

裏返してワラの先を刈り込んで整える

42

芯縄を5cm程度に短く切る。それぞれの縄目をほぐして半分は根元から切り落とす

43

針金の通し針で、芯縄の端をワラの編み目に2目ほどはさみ込む

44

余った芯縄の端を切り落として完成！

おひつ入れ・猫つぐら

15時間（おひつ入れ）
15時間（猫つぐら）

※大きさは直径 40cm、高さ 35cm。

「おひつ入れ」は、電気炊飯器も保温ジャーもなかった時代に、ご飯の温かさを少しでも保とうと生まれた道具。ワラの保温性を活かした知恵です。今では、「おひつ」そのものを知らない人も多いかもしれませんが、お鍋の保温具などにいかがでしょう?

「猫つぐら」は、ワラの保温性と吸湿性を活かした猫のねぐら。ネズミをとる猫は、ペット以上の働き手として大切にされ、お蚕《かいこ》や繭《まゆ》を荒らすネズミよけに、猫の絵のお札や掛け軸をかける信仰もあったほどでした。

この「おひつ入れ」と「猫つぐら」は、実はどちらも「円座」（46ページ）の応用でつくることができます。

※大きさは本体の直径 30cm、高さ 35cm、ふたの直径 35cm。

準備するもの（おひつ入れ）

材料
- ワラ（中太～太め）……約1200本
- 麻ヒモ……60cm

道具
- 通し針（「円座」に使うものと同じ）
- クリップ
- 霧吹き

準備するもの（猫つぐら）

材料
- ワラ（中太～太め）……約1100本
- 麻ヒモ……200cm

道具
- 通し針
- 畳針
- クリップ
- 霧吹き

制作に入る前に

・ワラを下処理し、根元と穂先を切って45cmくらいにしておく。
・「円座」をつくる要領で、底と天井にあたる個所を編んでおく。

制作のポイント

（おひつ入れ）

- 「円座」と編み方は同じ。途中から垂直方向に編んでいく。
- 最後の仕上げは、「円座」の仕上げのかがりと同じ。
- 保温性を高めるため、ふたと本体はすき間なくぴったり合うように調整する。

（猫つぐら）

- 水平方向の編みと垂直方向へ立ち上げるまでは、「円座」や「おひつ入れ」と同じ。
- 窓の下の縁は、「円座」の仕上げのかがり方と同じ。
- 天井は編み目を徐々に減らし、形を整えながらきれいなカーブのドームに仕上げていく。

おひつ入れ
つくり方のポイント

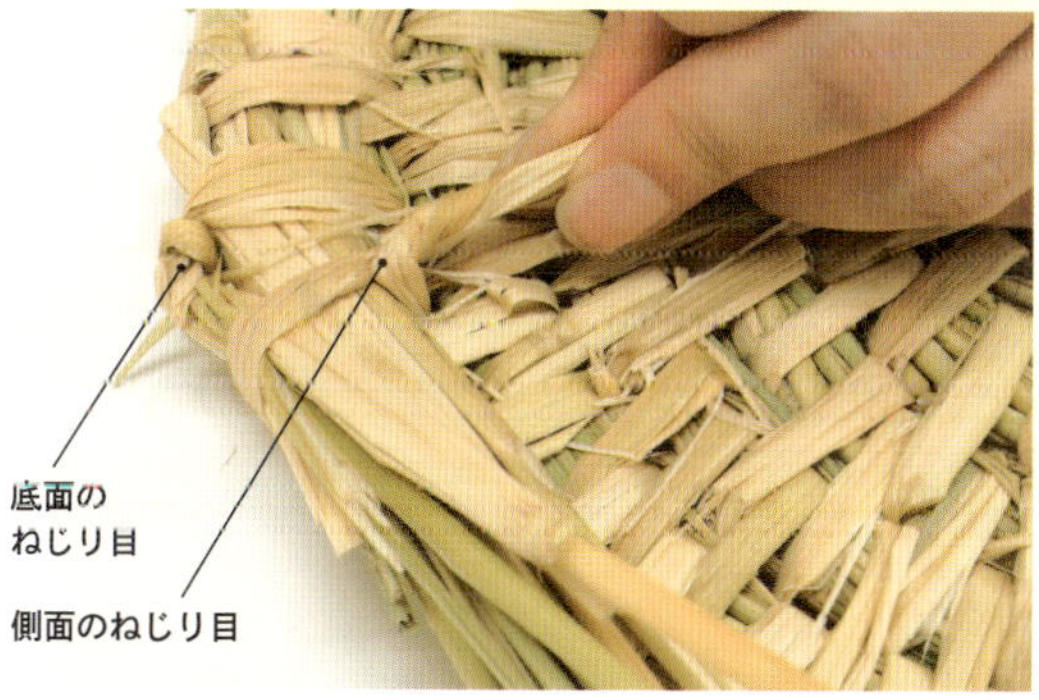

4 さしたワラを強くねじる。ねじり目が立ち上げた側面の内側にくるようにする

5 垂直に立ち上げて２目編んだところ。同じ要領で必要な高さになるまで編み進めていく

6 縁の編み方は「円座」とまったく同じ。最後は麻ヒモでしっかりとくくる

ふたを編む

7 本体の口径よりもひと回り大きい「円座」を編み、1から6と同じ要領で２～３段立ち上げて編む。ぴったり合うように目を足し引きしながらつくる

水平方向から垂直方向へ立ち上げる

1 垂直方向に立ち上げる前の周を編むときに、ねじり目を立ち上げる方向につくっておく

2 垂直方向への編み始めは、ワラの束を前の周の束の真上に重ねる

3 編み方は「円座」と同じで、前の周の下にワラの根元をはさんだ通し針をさす

猫つぐら

つくり方のポイント

「おひつ入れ」と同じ要領で垂直方向に1段立ち上げるところまで編んでおく

出入り口の左右を編む

1 ワラを根元から2本さし、3分の2ほど通す

2 さしワラを2本いっしょにねじる

3 出入り口にしたい位置まできたらねじり目をクリップでとめ、1本のワラの根元のほうで、ワラの束を包帯のように巻く

4 ワラの巻き終わりは束といっしょに添わせて下に向けておさえる

5 ワラの束を後ろ方向に折り曲げる

6 ひとつ前のさしワラを交差し、曲げたところをしっかりおさえ込む

7 さしワラを強くねじる

8 それまでと同じように編み続けていく。出入り口の高さは、4回折り返した高さにする

出入口の下の縁を編む

9 出入り口の下の縁は「円座」の縁（49ページ）と同じようにさしワラをしてかがり、かがりワラの末端は、反対側の入り口の1段目の折り返し部のワラに入れ込んで始末する

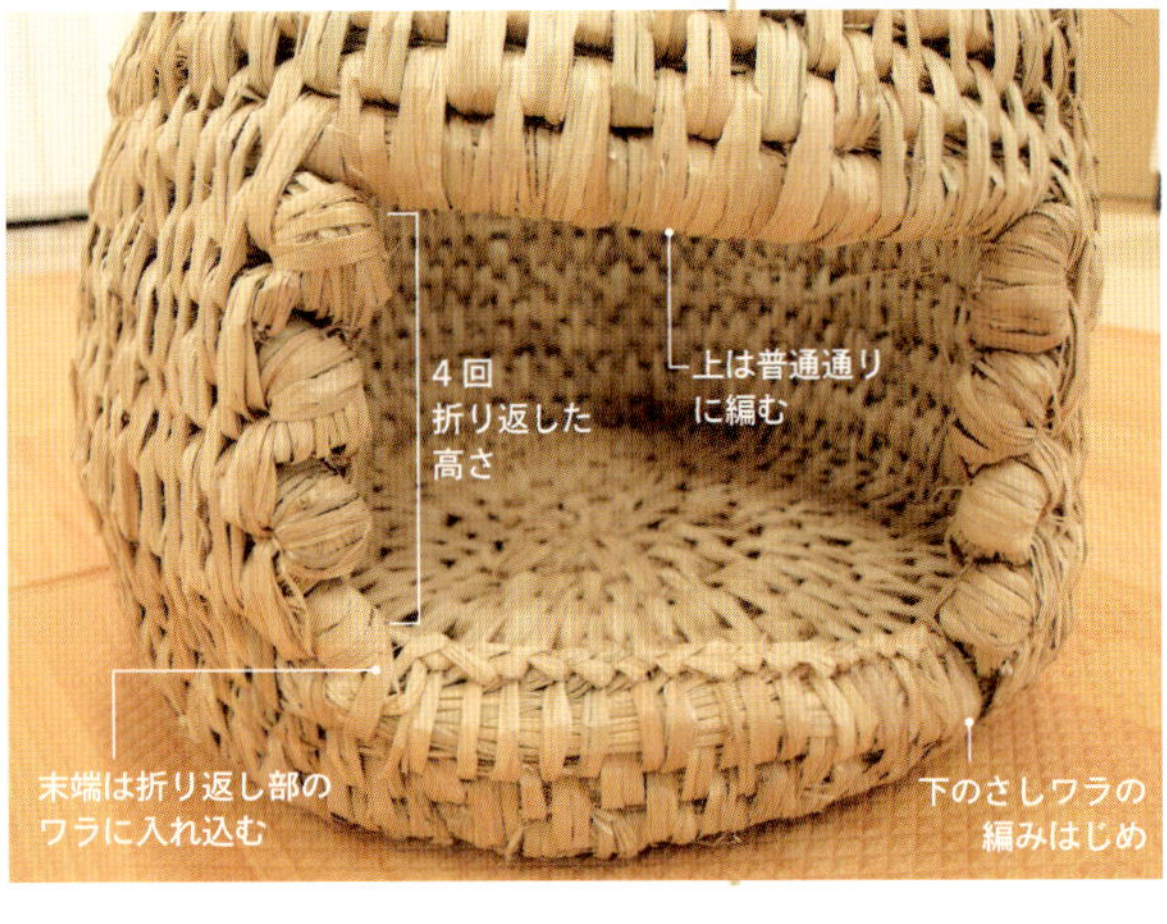

4回
折り返した
高さ
上は普通通り
に編む
末端は折り返し部の
ワラに入れ込む
下のさしワラの
編みはじめ

天井を編む

10 天井をドーム型に編んでいく。「円座」をつくるときに、目を増やしながら外へ外へと編んでいったのとは逆に、目を減らしながら内へ内へと編んでいく。ねじり目は内側を向くようにする

11 編んだところを内側に向けて形を整えていく

12 天井の穴の直径が4、5cmになったら、ワラを切りそいでボリュームを減らす

13 切ったワラの根元をまとめるように、2目ほど編む

14 残りのワラで天井の穴をふさぐように形をつける

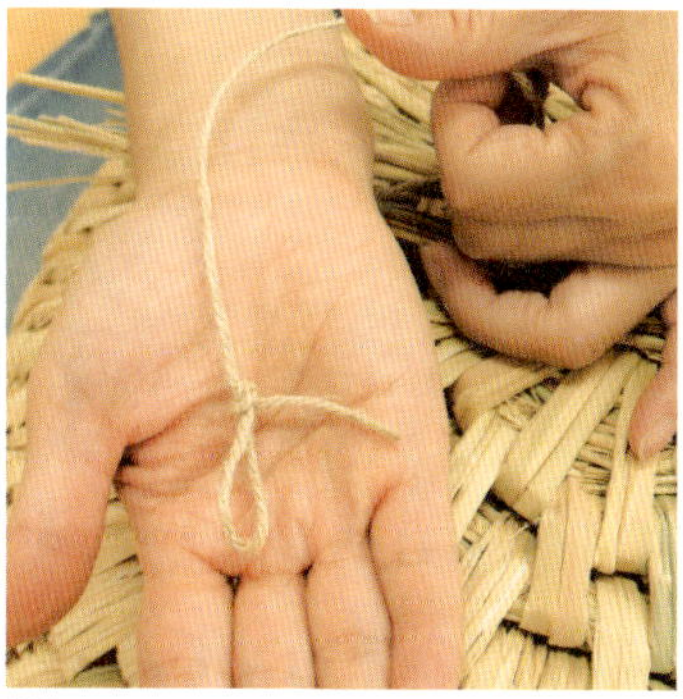

15 畳針に麻ヒモを通し、写真のように大きな輪を作って末端を結んでおく

16 13の編み目の続きのところから、麻ヒモでワラの末端を縫いとめる

17 ワラをすべて麻ヒモで縫いとめたところ

18 次に通し針を使い、ワラで麻ヒモを隠しつつ天井の穴をふさぐ。1本のワラの太い部分を使い連続して縫っていく

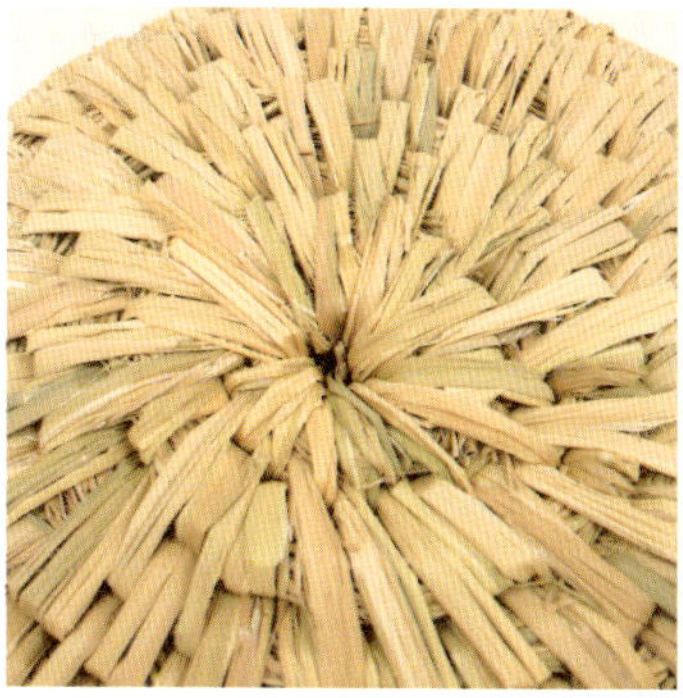

19 完全に天井の穴をふさいだら、できあがり！

米俵（ミニ俵）

2時間 こも

1時間 桟俵2つ

（大量に使うので市販品がオススメ）

制作のポイント

- 文字どおり“段取り8分”。編み方そのものは単純。
- 胴を編む際、麻ヒモを交差させる方向を統一すると、編み目が美しくそろう。

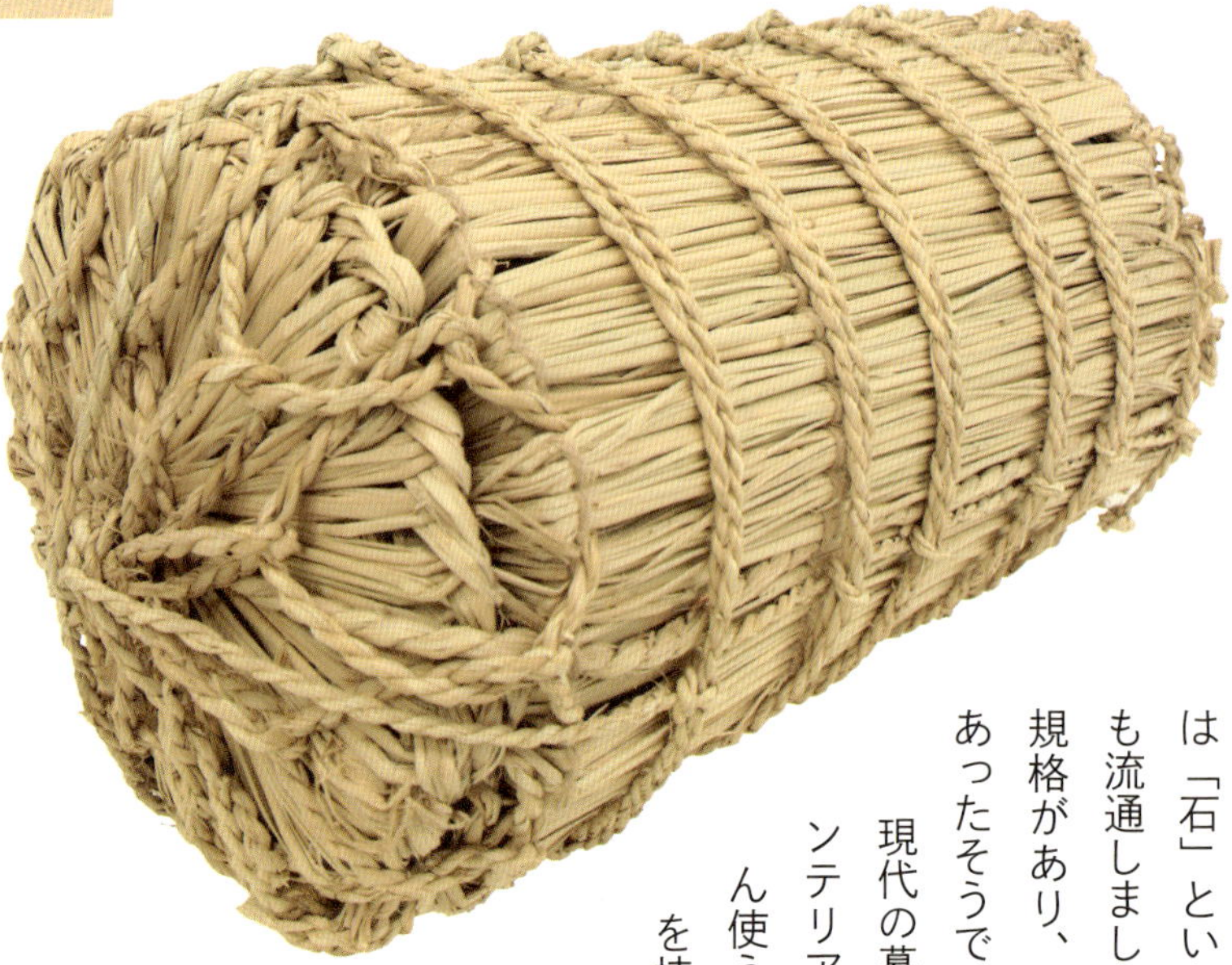

※本来の米俵は約60kg用だが、この俵は約8kg用。直径は20cm。

「米俵」といえばワラの手仕事の結晶。米の1俵は4斗＝400合＝60kgです。江戸時代、武士の給料は「石」という米の単位で表され、米は貨幣としても流通しました。米の運搬や保存にかかわる俵には規格があり、編み方や材質まで厳しく定める藩もあったそうです。

現代の暮らしでは、〝和〟の空間を演出するインテリアとして存在感は抜群。ワラをたくさん使うので、学校ならクラスのバケツイネを持ち寄ってつくるのも楽しそう。

準備するもの

材料

- ワラ……………約500本
- 麻ヒモ（こも編み用）……200cm×4本
- 縄
  - 力縄……………160cm×2本
  - かがり縄…………200cm×2本
  - 結い縄……………160cm×5本
  - つづ縄……………200cm×2本
  - ※いずれも太さ4～6mmの市販の細縄で代用できる。自分でなう場合は2本取り。
- 詰め物
  - ※段ボール・新聞紙などで直径20cm、高さ30cmの円柱状につくる。

道具

- 通し針
  - ※縄をかがるのに使う。針金ハンガーをU字に曲げたものでもよい。
- 編み台
- こもづつ……………8個
- ハサミ
- 霧吹き

制作に入る前に

- ・ワラを下処理しておく。
- ・力縄・結い縄・つづ縄を用意する。
- ・「桟俵」（⇓40ページ参照）をつくっておく。
- ・編み台を準備する。
- ・こもづつをつくっておく。

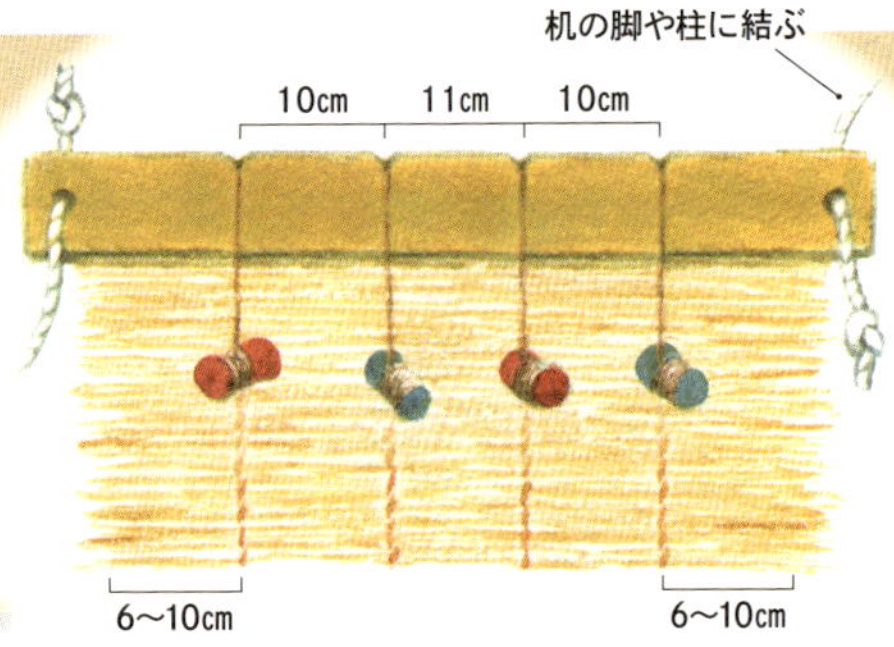
机の脚や柱に結ぶ
10cm
11cm
10cm
6~10cm
6~10cm

つくり方

胴（こも）を編む

1 編み台の切れ込みに麻ヒモ①〜④の中央をセット。ワラを、根元が手前になるように体の左右に置く。これで準備完了

麻ヒモの中央60㎝ぐらいを残し、両端をこもづつに巻き、巻きが外れないようにひとえ結び◆にする。扱いやすいようにぐるぐる巻いて、最後はひねって輪をつくって引っかける

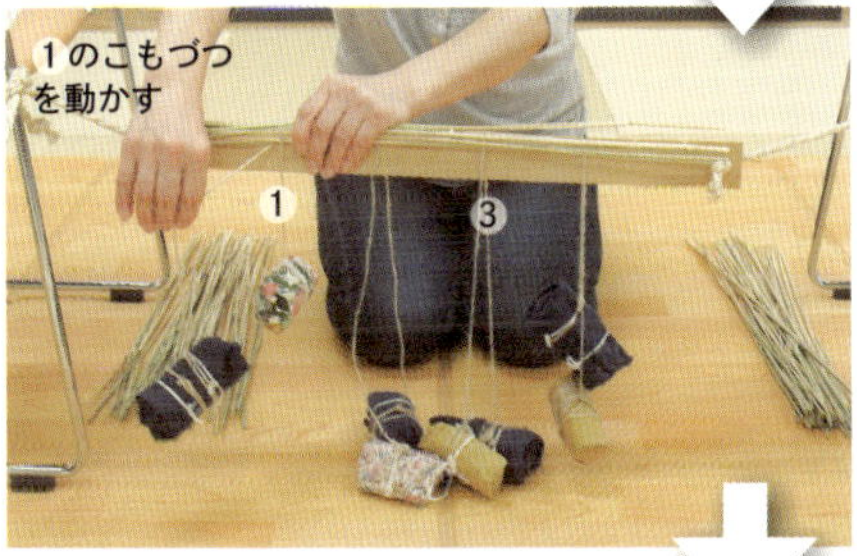

2 ワラを3本とって編み台にのせ、①と③をとって向こう側のこもづつを手前に、手前のこもづつを向こう側に渡すようにこもづつを動かす

ワンポイント

麻ヒモの交差は、「向こう側から手前」と「手前から向こう側」の左右の並び方をそろえ、編み目をきれいに仕上げる。

3 次にワラ3本を取り、根元を逆にして編み台に乗せ、今度は②、④の麻ヒモを、同じように交差させていく。これで1段となる（ここでは①③と②④を合わせて1段と数える）

◆ 結び方は巻末参照。

こもづつのつくり方

こもづつは、おもりと糸巻きを兼ねる。麻ヒモを巻きやすい、長さ12㎝×直径6㎝ほどの円柱や三角柱の形をしている。本来は比重の重い木でつくるが、砂を入れた布袋や石でもよい。

※8個あるので八人小僧（はちにんこぞう）と呼ぶ地域もある。

編み台のつくり方

編み台は、板に4カ所に刻みをいれてつくる。板はパイン材やバルサ材など加工しやすいものを使うとよい。両端にドリルで穴をあけ、端をひとえ結び◆したロープを通して固定する。右の写真は木の枠をつけた本格的な編み台。

4 ①-③、②-④の順で麻ヒモの交差を繰り返す。写真は7段まで編んだところ（手前側）

力縄

5 力縄の端を10㎝ほど外に出して台に置き、その上に8組目のワラを乗せていっしょに編みこむ

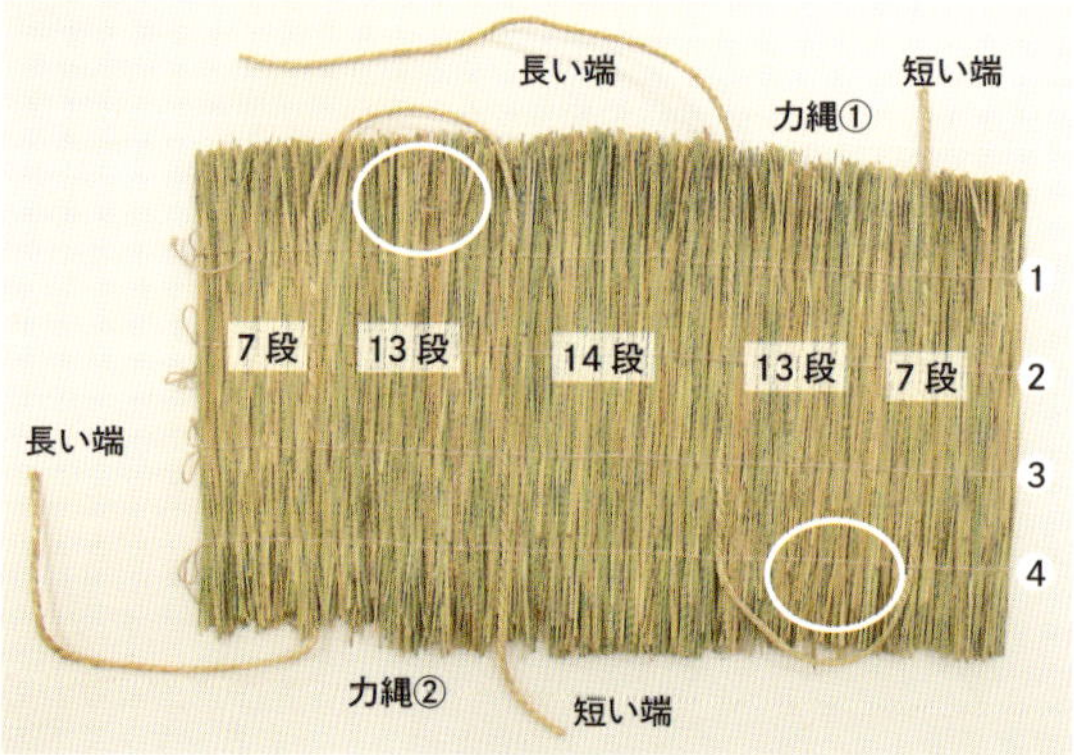

長い端
短い端
力縄①
1
2
3
4
7段
13段
14段
13段
7段
長い端
力縄②
短い端

6 力縄を編み込んで13段編んだら、力縄にこぶし1つ分のゆるみをもたせて折り返し、5と同様に編み込む。さらに、14段編んだら、もう1本の力縄を1本目とは反対方向から編み台にのせ、1本目の力縄と同じ要領で端を10㎝残して編み始め、13段、7段と左右対称に編み込む。編み終わったら編み台から外す。麻ヒモの端は20㎝程度残して真結び◆にする

胴を仕上げる

7 胴の両端を合わせ、麻ヒモのあまりを1段目の編み目に通して真結び◆する。麻ヒモの端は筒の内側に入れる。4カ所すべてを結び、胴状にする

指2本分のゆるみをもたせる

8 通し針でかがり縄を通す。こも編みの編み目①の内側、かつ胴のつなぎ目からスタートする。端を10㎝程度残し、まず裏を2段くぐらせ、表に出して4段進む。これを9回繰り返し、9つの輪をつくる。表4段進むときは、指2本分のゆるみをもたせる。1周したところで編み始めと真結び◆する。縄の端は切らずにおく。同じ要領で、胴の反対側にもかがり縄を通す

※わかりやすいようにかがり縄に白いビニルロープを使用しています。

かがり縄の通し方（8）

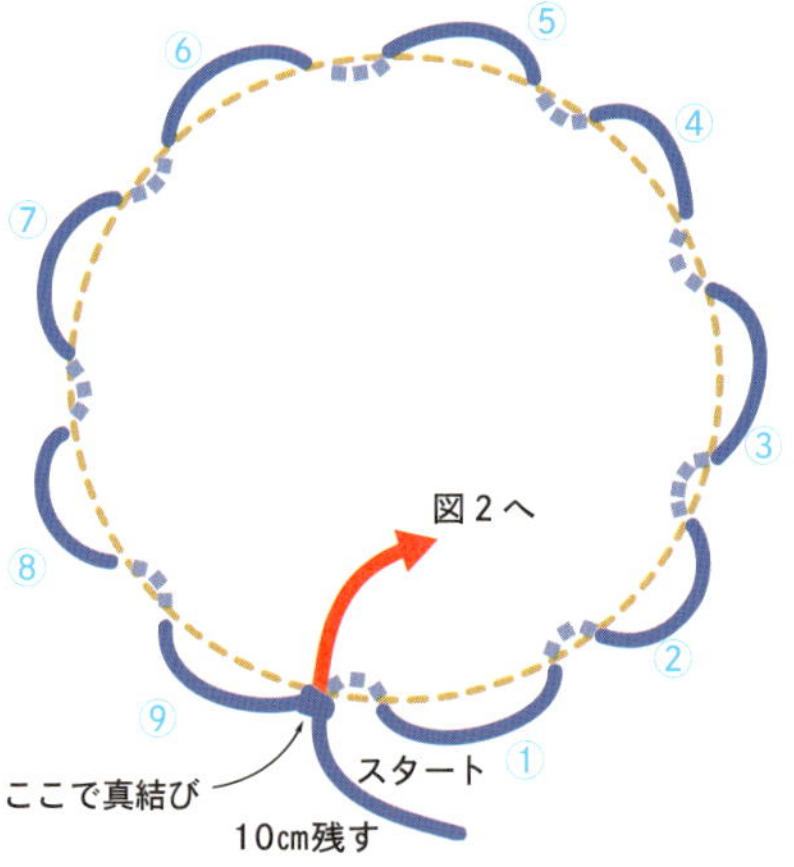

⑥
⑤
④
⑦
③
⑧
②
⑨
①
図2へ
ここで真結び
スタート
10㎝残す

12 [8]で真結び◆したかがり縄の長端を、すぐ隣の輪（[8]までにできた９つの輪の１つ）に通す

13 同じように、９つの輪すべてにかがり縄を通していく

かがり縄の通し方（[12][13]）

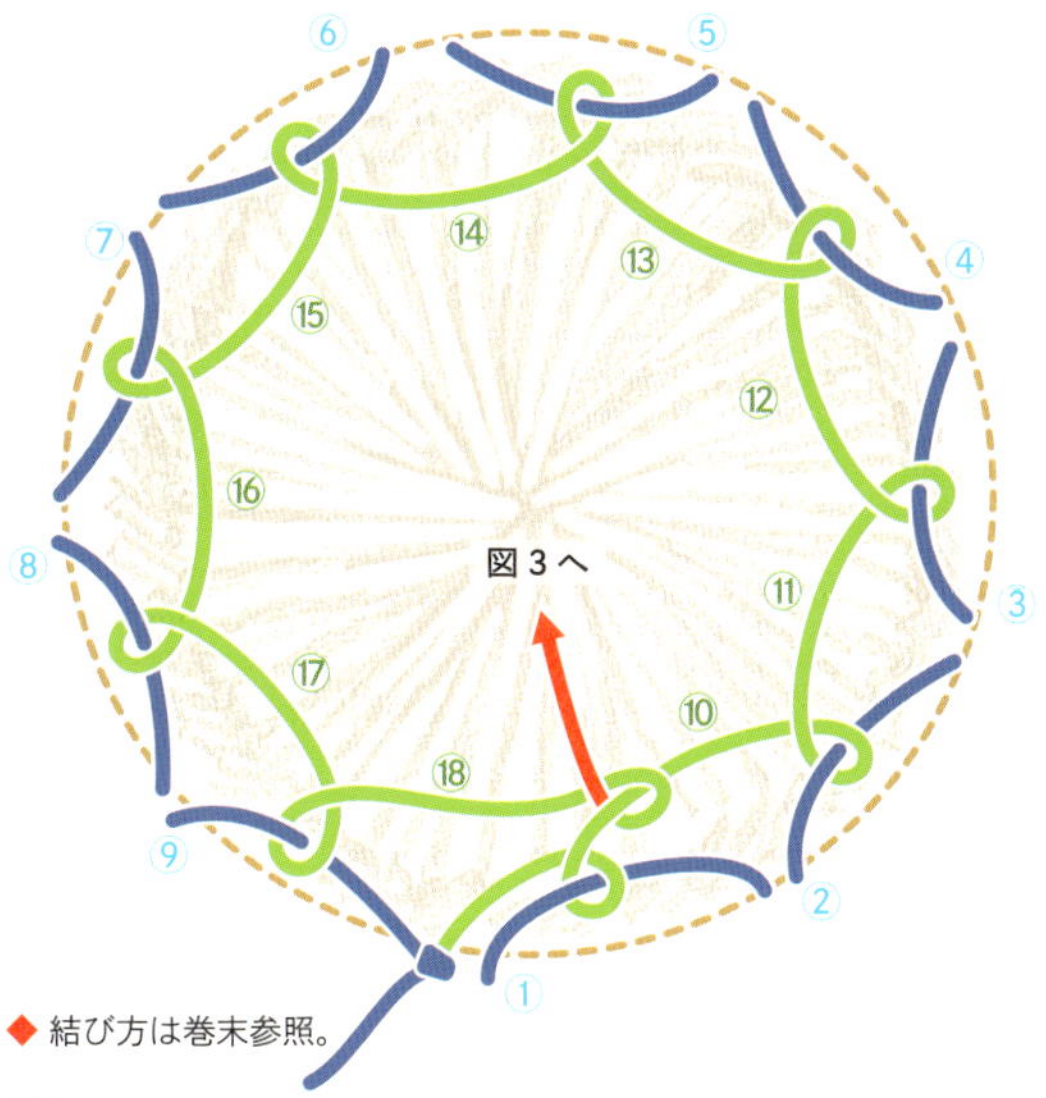

◆ 結び方は巻末参照。

9 胴の端を内側に折る。麻ヒモの編み目にあわせていったん胴の外側に向けて折り癖をつけてから、内側に折るとよい。適宜、霧吹きでワラを湿らせると折りやすい

10 詰め物を入れる。反対側の端も同様に内側に折り、形を整える

桟俵を組み合わせる

11 「桟俵」（⇒40ページ）をかぶせ、力縄の輪に長い端を通し、力縄の短い端と真結び◆する。力縄の端は、「桟俵」の下にはさみ込む。反対側の力縄も同様に結ぶ

14 対角線の位置にあるゆるみに、かがり縄を上から通し左へ出す

15 同じように、対角線のゆるみを右回りで順番にかがっていく

16 続けて、中心で交差する力縄の下を通し、かがり縄とひとまとめにして、1回巻く

17 放射状にかがった最初のかがり縄に1回からませ、かがり縄の端と端を真結び◆する。縄の端は内側にはさみ込む

18 反対側も同様にする。写真はかがり終えたところ

かがり縄の通し方（14〜18）

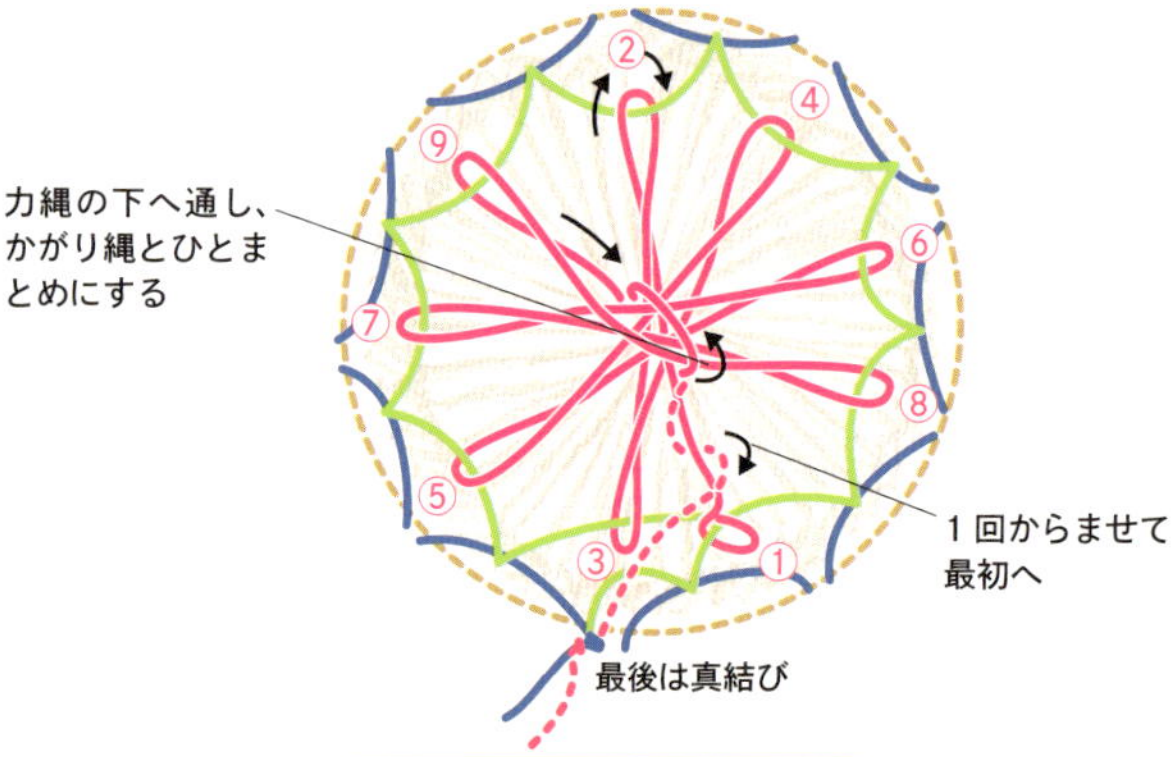

胴に結い縄をかける

19 胴の中央に結い縄を2周させて締め、真結び◆する。結ぶ位置は、胴のつなぎ目の上にする

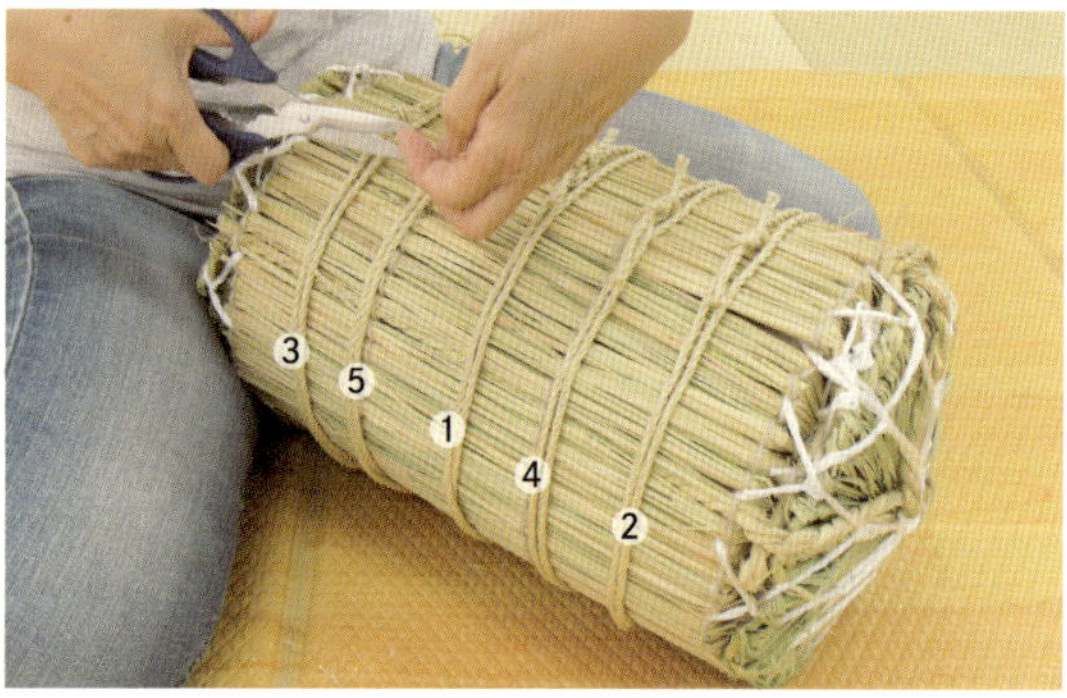

20 同じように全部で5カ所を写真の番号の順番でしめ、縄の端を切り落とす

※本来の米俵は、担ぎやすいよう中央を強く締めてくびれさせた。

21 つづ縄用の縄を用意。端を 20㎝残して③の結い縄から順に「の」の字を書くように 1 巻きする。

22 残り 4 本の結い縄にも、同様にからめていく

23 俵を上から見て 90° 回す（180° ではないことに注意）。つづ縄に「桟俵」の中心を通るくらいのゆるみを持たせて輪をつくり、同じように結い縄にからめていく

24 俵の天地をかえして反対方向からもう一方のつづ縄を用意し、21以降と同様につづ縄をからめる

25 つづ縄を結い縄にからめ終えたところ

26 つづ縄の長いほうの端をもう 1 本のつづ縄の輪に通し、もう一方の端と合わせて真結び◆にする

27 つづ縄の端は切り落として、「桟俵」の下にはさみ込む

28 反対側も同様にして、完成！

◆ 結び方は巻末参照。

付録 1 この本に出てくる結び方・編み方

本結び（真結び）

ひとえ結びを２回繰り返す結び方。

輪のくぐらせ方は１回目と２回目で逆にする。この本では「一輪ざし」の飾りなどに登場する。固結びともいう。

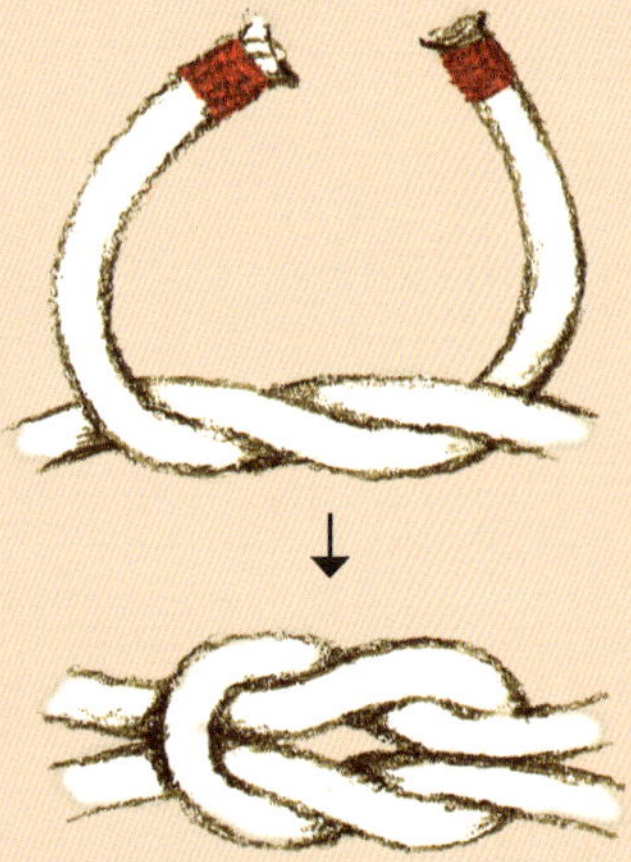

ひとえ結び

交差部で１回ひねるだけの結び方。２本合わせる場合のほか、１本で玉をつくる場合がある。

本結び（縦結び）

ひとえ結びを２回繰り返した結び方。

１回目と２回目の輪のくぐらせ方を同じにする。真結びとは２回目のひとえ結びのときの輪のくぐらせ方が違う。この本では「馬飾り」「亀飾り」などで登場する。

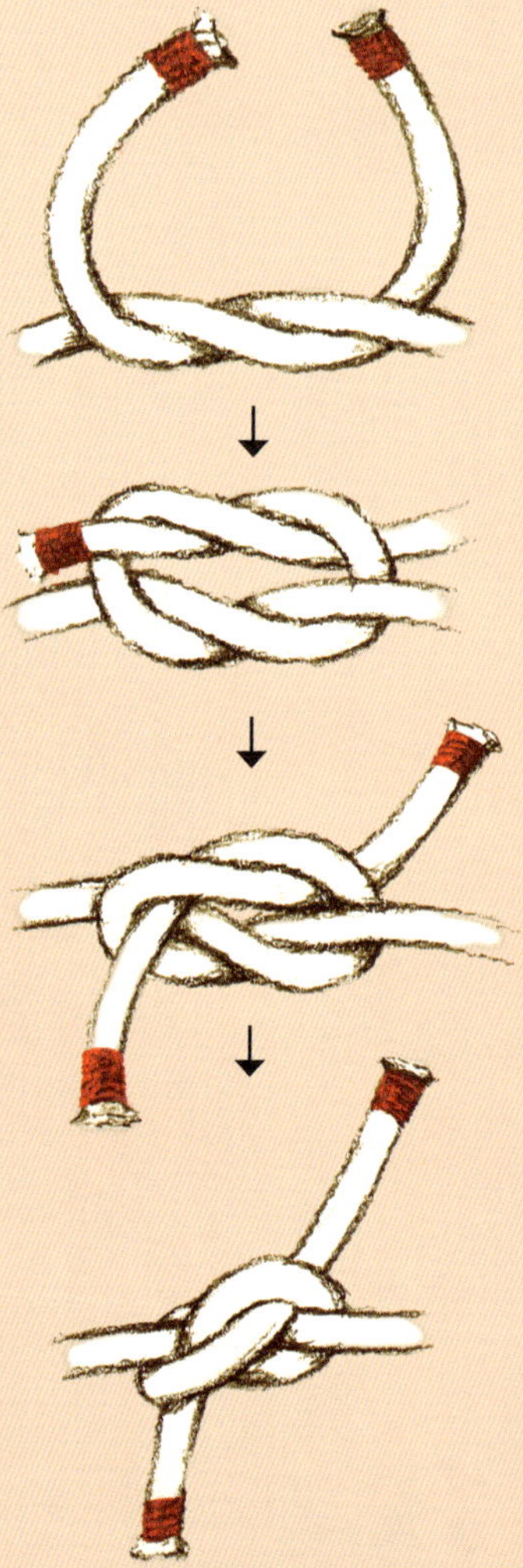

巻き結び

「卵つと」「馬飾り」「桟俵」など、この本で紹介している多くの作品で使う結び方。農作業や庭の手入れなど、野外での作業でも使う。

1 反時計回りに１回巻いて交差させる

2 もう１回巻きつける

3 交差部にきたら２周目の輪にくぐらせる

4 結び目を締めてできあがり

三つ編み

「亀飾り」の枠部や「宝船」の船べりを飾るのに使う。女の子の髪型のひとつとしてもなじみ深い。

1 3 束のワラを用意

2 左の束を真ん中をまたいで右に寄せる

3 右の束を真ん中をまたいで左に寄せる

4 左の束を真ん中をまたいで右に寄せる

5 右の束を真ん中をまたいで左に寄せる。以下同じようにして編んでいく

男結び

「みごぼうき」や「釜敷き」の最後の締めに使う結び方。果樹園での枝の誘引など、農作業でも活躍する。

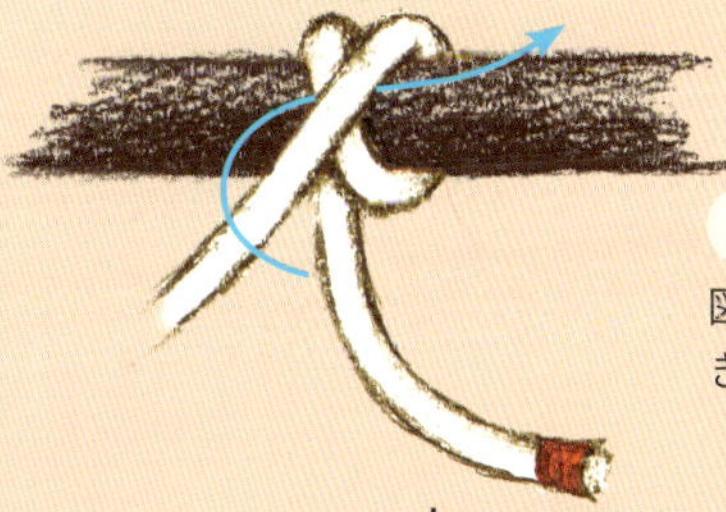

1 図のように 2 回巻きつける

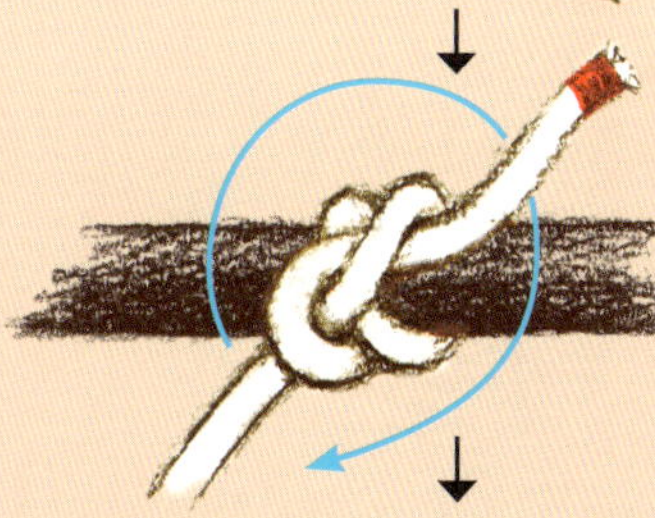

2 両端を交差させて 1 回ひねり、長い方で輪をつくる

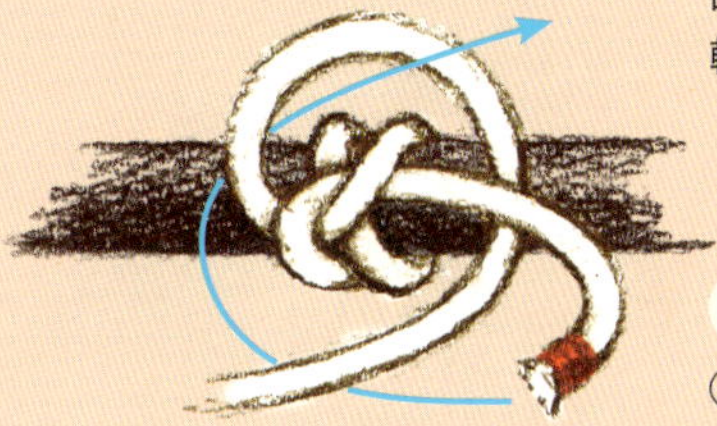

3 ②でできた輪に短い方の端を通す

4 短い方をひっぱる

5 長い方をひっぱる

6 結び目を締めて短く切って完成

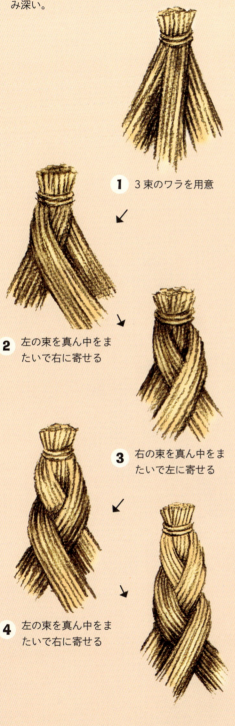

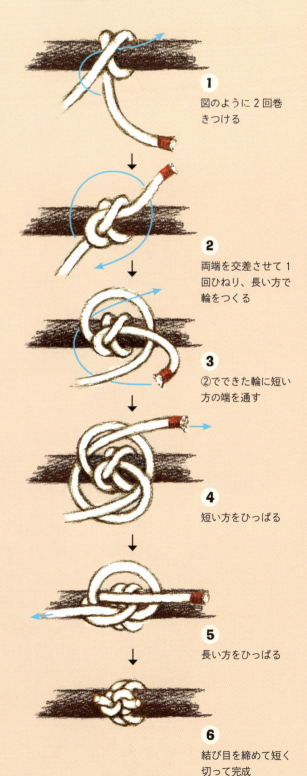

付録 2

ワラの下処理・作品づくりの道具・材料

作品づくりに使う道具

編み針

販売されていないので、竹や針金を使って自分でつくる。竹は身近にあればそれを使い、手に入りにくいときは、幅広の柄がついている焼き鳥用の串からつくるとよい。針金の場合はハンガーなど、太めの針金を曲げてつくる。

畳針

ホームセンターやインターネット通販で購入できる。「円座」などをつくるのに使う。

メジャー・ものさし

寸法をはかるため、多くの作品づくりに必須。

クリップ

作業の途中でワラなどを仮どめするのに使う。洗濯バサミでも OK。

ビニタイ

作業の途中でワラなどを仮どめするのに使う。ギフト用品や園芸用品を扱うお店で売っている。

ペンチ

「馬飾り」など、針金を使う作品をつくるときに使う。

カッターナイフ

ワラやその他の材料を加工するときなど、多くの場合に必須。

ハサミ

ワラを多く切る場合やかたいものを切る場合は、刃に小さなギザギザがついたものがよい。ホームセンターなどで購入できる。

ワラの下処理に使う道具

バケツ

ワラを浸して水を吸わせる。水に浸すことでワラは折れにくくなり、さまざまな加工ができるようになる。

霧吹き

ワラ加工の必需品。作業の途中でワラが乾燥してきたら適宜吹きかける。

ワラ打ち（横づち）

ワラ打ちに使う。ふつう、かたくて重い木でつくられている。地方ではホームセンターで販売していることもあるが、手に入りにくい。ワラをたたく部分が広く使いやすい。

木づち

「ワラ打ち」が手に入らないときの代用としてワラ打ちに使う。ヘッドの大きいものがよい。ホームセンターなどで購入できる。

分厚い布

ワラ縄は布で強くこするとケバがとれつやも出る。綿布がよい。

作品づくりに使う材料

ラフィア

ラフィアヤシというヤシの繊維。長さや幅を自由に調整でき、丈夫で扱いやすく、色がワラに近いので、多くの作品で活躍する。手芸用品店やホームセンターのほか、最近では百円ショップでも手に入る。

麻ヒモ

ワラをしっかり束ねるための必需品。多くの作品で活躍する。

接着剤・ボンド

「流しびな」や「馬飾り」「鶴飾り」などに必要。

針金

「馬飾り」の胴と後ろ脚などに使う。

PPロープ

「つまかけぞうり」の芯縄に使う。

和紙・水引

「正月飾り」や「鶴飾り」などの飾りつけに便利。百円ショップなどで売っているご祝儀袋を解体して使うとよい。

①PP ロープ②ラフィ ア ③麻ヒモ
④ボンド ⑤針金 ⑥ご祝儀袋

編者

瀧本広子（たきもとひろこ）

1961年京都府生まれ。日本画家山本六郎氏に師事し日本画、障壁画の画法を学ぶ。映画会社、染織工芸などの仕事を経て、現在、東京小金井市在住。

2004年に稲作体験による環境学習「田んぼの時間」をスタート。同時に東京農工大学繊維博物館（現科学博物館）でワラ工芸を学ぶ。稲作体験にワラの手仕事を加えることで、自然界のサイクルと「ものつくり」の関わりを伝えている。

現在、小金井市環境市民会議代表、NPOこがねい環境ネットワーク副代表理事。

取材記事に「ワラ30本の正月飾り」『のらのら』13号（農文協2014年）がある。

取材・執筆（パート2～4、付録2）

大浦佳代（おおうらかよ）

群馬県前橋市出身。ライター・フォトグラファーとして、農村や漁村の生活・文化、都市との交流などをテーマに取材・執筆している。著書に『「お蚕さま」の四季』（群馬県立日本絹の里1998年）、『港で働く人たち』（ぺりかん社2013年、日本沿岸域学会出版文化賞受賞）、『牧場・農場で働く人たち』（ぺりかん社2014年）、共著に『森の学校・海の学校：アクティブ・ラーニングへの第一歩』（三晃書房2016年）などがある。

撮影協力

藪本やすえ・佐藤八千代

写真撮影・提供

p.7 チガヤ、ガマ、チカラシバ：赤松富仁
p.8 稲刈り：瀧本広子
p.10-11、p.18-20、p.24-27、p.78右：農文協
上記以外：大浦佳代

イラスト

表紙・もくじ・扉：ごじょう ふみえ
上記以外：岡崎さゆり

つくって楽しむ わら工芸

生活用具・飾り物・縁起物

2016年10月10日　第 1 刷発行
2024年11月15日　第11刷発行

編　者　瀧本 広子
取材・執筆　大浦 佳代

発行所　一般社団法人　農山漁村文化協会
〒335-0022　埼玉県戸田市上戸田2-2-2
電話：048（233）9351（営業）　048（233）9355（編集）
FAX：048（299）2812　振替：00120-3-144478
URL：https:/www.ruralnet.or.jp/

ISBN978-4-540-15150-7　DTP制作　岡崎さゆり・大木美和
〈検印廃止〉　印刷・製本　㈱シナノ

定価はカバーに表示
乱丁・落丁本はお取り替えいたします。

地域素材活用
生活工芸大百科
農文協・編
●18000円+税

世界文化遺産和紙の原料楮・三椏と製紙法、藍・茜等の植物と染め方、稲ワラと注連縄や草履などの製法、食器・箸・箪笥などの製法と原料となる杉材・桐材など、生活工芸品50余品目の製法とその素材の基本情報を収録した工芸品の百科事典。

谷川栄子の野山を編む
草を編む
谷川栄子・著
●2571円+税

道端のガマやスゲ、ススキなど、ありふれた雑草が見事に変身。自然であたたかいカゴやバッグ、花差し、小物入れなど、伝統の技法を生かしつつ現代の生活にナチュラルな感覚を添えてくれる新しいクラフトの数々。そのつくり方を豊富な写真と図解で一から手ほどき。

田園クラフト
村から届いた手づくりノート
遠藤凌子・著
●2667円+税

古代米の正月飾り、ワラ細工、キュウリのツルのリース、ドングリの画びょう、イタドリの色鉛筆、米袋ペーパー…、意外な素材が素敵な小物に早変り。古い農具や道具もインテリアや花入れに。田園ライフを楽しく演出。

現代農業特選シリーズ　DVDでもっとわかる　5
ヒモ&ロープの結び方
農文協・編
●2500円+税

初心者でも農業現場ですぐに使える結び方ノウハウが詰まったDVDブック。少しでも速く確実に結ぶための工夫をわかりやすく紹介。〈構成〉荷物の固定／牽引する／誘引する／吊るす／束ねる／牛を結ぶ／ヒモの種類

宮本常一講演選集①
民衆の生活文化
田村善次郎・編
●2800円+税

日本古来の布・衣と紙を植物の茎皮繊維の利用という共通性からとらえ、その生活文化を柔社会という概念で読み解く講義や日本の主食を米とみる常識を破る講義など、ワラをはじめとする「素材」の生かし方からみた生活文化論を収録する。

（価格は改定になることがあります）